JN424571

HOME GALLERY

HOME GALLERY

내 집에 그림

동녘라이프

내 집에 그림

그림으로 꾸민 인테리어 30

초판 1쇄 펴낸날 2011년 11월 15일
초판 3쇄 펴낸날 2012년 8월 10일

지은이 조민정
펴낸이 조영혜
펴낸곳 동녘라이프

전무 정락윤
주간 곽종구
편집 이상희 박상준 구형민 김보경 이미종 윤현아 봉선미
미술 조하늘 고영선
영업 김진규 조현수
관리 서숙희 장하나

사진 김덕창(studio Da) **디자인** 정해진(elephant)
인쇄 · 제본 새한문화사 **라미네이팅** 북웨어 **종이** 한서지업사

등록 제311-2003-14호 1997년 1월 29일
주소 (413-756) 경기도 파주시 문발동 파주출판도시 532-5
전화 영업 031-955-3000 편집 031-955-3004 **전송** 031-955-3009
블로그 www.dongnyok.com **전자우편** life@dongnyok.com

ISBN 978-89-90514-54-7 13590

• 잘못 만들어진 책은 바꿔 드립니다.
• 책값은 뒤표지에 쓰여 있습니다.
• 이 도서의 국립중앙도서관 출판시도서목록(CIP)은 e-CIP홈페이지(http://www.nl.go.kr/ecip)와 국가자료공동목록시스템(http://www.nl.go.kr/kolisnet)에서 이용하실 수 있습니다.
(CIP제어번호: CIP2011004757)

내 집에 그림

그림으로 꾸민 인테리어 30

Prologue · 008

PART1
DECORATION WITH ARTFUL IDEAS

그림과 사진을 활용한 소박한 아이디어

1 삭막한 오피스텔에 그림의 경쾌함을 더한 집 · 018
조민정 서울 영등포구 여의도동 20평대 오피스텔

2 함께한 순간을 사진과 그림으로 기록한 신혼집 · 028
홍우경·최정택 부부 서울 성동구 성수동 20평대 빌라

3 그림과 꽃이 만발한 로맨틱한 공간 · 040
차정주 서울 구로구 구로동 10평대 복층 원룸

4 아날로그 감성을 사진과 가구에 담은 집 · 048
박유빈 · 이상윤 부부 서울 종로구 부암동 20평대 주택

5 곳곳이 앨범이 된 집 · 058
진은정 서울 강남구 반포동 20평대 아파트

6 사진과 엽서로 꾸민 빈티지 스페이스 · 068
한상선 서울 영등포구 당산동 30평대 아파트

7 그림 소품으로 채운 작은 공간 · 078
김지영 서울 용산구 한강로2가 10평대 원룸

8 아트 포스터와 DIY 액자로 연출한 오피스 · 086
홍상아 서울 강남구 신사동 20평대 작업실

PART2
MATCHING BALANCE BETWEEN ARTWORKS AND SPACE

공간에 그림을 조화롭게 거는 법

1 그림 위주로 재배치한 신혼집 · 100
김용민·김영옥 부부 서울 성동구 금호동 30평대 아파트

2 다양한 장르의 그림을 매칭한 아파트 · 110
이정민 경기 성남 분당구 정자동 30평대 아파트

3 가벽과 레일을 설치한 갤러리 하우스 · 120
남기령 서울 중구 신당동 30평대 아파트

4 작품과 아트 포스터로 꾸민 사무실 · 128
정은주 서울 강남구 역삼동 20평대 오피스텔

5 수많은 그림이 편안하게 자리잡은 집 · 138
박미경 서울 서초구 우면동 50평대 아파트

6 주변 예술가들의 작품으로 장식한 집 · 148
권오열 서울 서대문구 남가좌동 40평대 아파트

7 그림과 조우한 모던 한옥 · 156
심정은 서울 종로구 가회동 20평대 작업실

PART3
CREATIVE SPACE WITH DRAWING &PHOTOS

직접 그린 그림으로 개성있는 공간 연출

1 추상화와 장식 액자로 힘준 아파트 · 170
임수정 경기 성남 분당구 수내동 40평대 아파트

2 그림과 액자로 멋을 낸 집 · 180
신설화 서울 송파구 오금동 20평대 빌라

3 도자 오브제와 벽화로 꾸민 집 · 188
여경란 경기 이천 신둔면 20평대 주택

4 사진으로 꾸민 싱글남의 방 · 198
이세호 서울 관악구 신림동 20평대 빌라

5 규방 공예로 스타일링한 한옥 작업실 · 208
정인 서울 종로구 가회동 20평대 한옥

6 독특한 소품과 그림으로 빛나는 공간 · 218
한송이 서울 성북구 성북동 20평대 빌라

7 사진 작품과 이미지 스크랩이 가득한 방 · 228
양진석 서울 종로구 평창동 20평대 작업실

8 그림과 이국적인 소품을 콜렉팅한 공간 · 240
조수연 서울 종로구 적산동 20평대 작업실

PART4
LEARN FROM GALLERY CAFES & RESTAURANTS

갤러리 카페&레스토랑의 그림 즐기기

1 KIND&류화랑 · 252

2 텔레비전 12 · 260

3 b2프로젝트 · 266

4 다미안 · 274

5 안도 · 280

6 원효로 커피 · 286

7 충정각 · 292

그림 인테리어를 위한 기본 레슨

INFORMATION
BASIC LESSONS FOR DECORATING ARTWORKS

info 1. 액자에 대한 궁금증 · 300

1 풀 액자 vs 매트 액자
2 액자 뒷면 처리
3 다양한 액자 프레임
4 액자를 장식하는 기본 방법

info. 2. 그림 장식할 때 궁금한 몇 가지 · 304

1 벽에 그림을 거는 10가지 팁
2 그림 장식 전, 알아두기
3 좁은 평수, 그림으로 공간 확장하기

info 3. 그림 구입을 위한 A to Z · 312

1 갤러리에서 그림 구입할 때
2 그림 경매를 통해 구입할 때

info 4. 갤러리 추천! 집에 들이기 좋은 그림 · 318

1 갤러리 팔레 드 서울
2 유아트스페이스
3 갤러리 이레
4 갤러리 나우

PROLOGUE

내게는 어릴 때부터 문화 예술에 대한 막연한 동경과 호기심이 있었던 모양이다. 초등학교 때였던가, 어머니께서는 굉장히 두꺼운 30권짜리 어른용 대백과사전 시리즈를 구입해 거실에 꽂아 두셨는데, 특이하게도 그 속의 미술 작품 사진과 화가들의 드라마틱한 프로필을 찾아 읽는 것이 나의 큰 즐거움이었다. 자화상을 1백여 점 넘게 그렸다는 화가 렘브란트에 관한 글을 읽고는 내 얼굴 그리기에 도전했고, 고흐의 귀 잘린 자화상을 본 뒤로는 한동안 공포에 휩싸여 귀를 손으로 감싸 막고 다니기도 했다. 백과사전에서 만난 예술가들이 내 어린 날의 하루하루를 좌지우지(?)한 시절이 있었다.

이런 관심 덕분이었을까. 잡지사 기자로 일하면서 건축가, 화가, 디자이너 등 다양한 분야의 아티스트를 만날 기회가 많았다. 작가의 아틀리에를 방문해 생생한 예술의 현장을 보기도 했고, 멋진 작품들로 단장한 집에 감탄하기도 했다. 그러나 그때까지도 내게 '그림'은 다가가기 어렵고 특별한 그 무엇이었다. 생활 속에서 미술을 친근하게 받아들이게 된 것은 미국 유학 시절에 '색채 수업'을 통해서였다.

"좋아하는 화가의 엽서를 가져오면 그 작품과 공간 인테리어를 매치하는 수업을 하겠다"라던 교수님의 말은 내게는 놀라움 그 자체였다. '색채의 마술사'인 화가들이 작품에 쓴 컬러 매치를 집에 그대로 적용하면 세련된 인테리어를 연출할 수 있다는 팁도 들을 수 있었다. 그곳에서는 그림이 집꾸밈에 빠질 수 없는 필수적인 요소이자 일상적인 문화 향유 방법이었다.

미술관, 갤러리 산책은 어느새 가족 나들이나 데이트 코스의 일상적인 루트로 자리 잡았다. 더 나아가 미술은 다양한 형태로 우리 생활 곳곳에 깊숙이 들어와 있다. 지난여름 한국 가요계를 강타한 2NE1의 앨범 재킷, 그리고 'Hate you'의 애니메이션 뮤직비디오는 젊은 국내 팝 아티스트 마리 킴의 작품이다. 가로수길의 어느 공사 현장은 노선이 작가의 대형 일러스트를 가림막으로 만들어 트렌디한 동네에 생기를 더했다. 대중적 아트 상품의 시초인 화가 육심원의 그림들은 소품으로 재생산되어 이미 유명 백화점에 입점한 상태다. 최근에는 '우리 집에도 그림 한 점 들여 볼까?'라고 생각하는 이들도 서서히 느는 추세다. 단, 어떻게 시작해야 할지, 어떤 그림을 거는 게 좋을지, 조금 더 쉽게 그림을 향유할 수는 없는지 그 방법을 몰라 망설일 뿐이다. 그래서 이 책에서는 인테리어에 초점을 맞춰 각기 다른 여건 아래, 자신의 취향을 담은 그림으로 집을 단장한 이들의 이야기를 친근하게 풀어냈다. 그림을 건 집들은 매끈하게 개조한 집이나 비싼 가구로 단장한 집과는 달리 집주인만의 고유 향기와 가치관까지 묻어난다.

사람들을 만나다 보니 그림을 집에 들인 이유가 모두 달랐다. 문화에 대한 욕구 해소로, 아이들의 정서 교육을 위해, 또는 추억을 기록하기 위해, 해외 불우이웃을 돕기 위해…. 고가의 작품도 있지만 그보다는 신진 작가의 작품, 직접 그린 그림, 또는 실속 있고 색다른 아이디어로 집을 꾸민 이들이 더 많았다. 좋은 그림이 무엇인지에 대한 정해진 답은 없다. 자신의 마음을 끄는 이미지를 찾고, 그것을 보면서 눈이 즐겁고 기분이 좋아지고 더 나아가 마음의 위로까지 얻는다면 그것만으로도 충분히 의미가 있으니까.

사람과 문화, 공간의 이야기를 풀어내기 좋아하는 내게 이번 책은 뜻 깊은 작업이었다. 자신의 개인 공간을 공개하고 그림과 집에 대한 좋은 이야기를 들려주신 많은 분들, 촬영하느라 고생한 포토그래퍼 김덕창 실장님, 그리고 봄부터 가을까지 긴 시간 동안 함께 수고한 동녘라이프 김옥현 팀장님께 감사의 인사를 전하고 싶다.

어느 평론가는 그림을 '마음의 창을 통해 바라본 세계를 화폭에 담아낸 것'이라고 표현했다. 취재에 응한 많은 이들은 화가의 경험과 가치관을 고스란히 담아낸 것이 바로 그림이라고 했다. 좋은 그림을 통해 인생 선배들과 따뜻한 차 한 잔 나누듯 위안을 얻기도 하고, 밝고 긍정적인 기운을 받는다면 화가의 감성이나 생각이 나의 그것과 통했기 때문일 것이다.

PARIS
PARIS
91311
ORANGE
ready, get, set, go!
ready, get, set, go!
AR 7538953
BIGLIETTO
TRENO ORDINARIO
DA CONVALIDARE
N. 1 ADULTI
UTILIZZABILE DAL 19/05/10 AL 18/07/10
FIRENZE
MONTEVARCHI-TERRA
2
KM 54
TARIFFA INTERA TAR.39/01
VALE 6H DA CONVALIDA
EUR *****4.20
TOT.BIGL.N. 1
P.IVA 05403151003
0749AR7538953
00029 0544 FIRENZE SMN 190510 08:57 00611-201

좋아하는 그림을 건 집에는 남의 손을 통해 말끔하게 개조된 새 집이나 값비싼 가구로 채운 집이 따라올 수 없는 '마음을 어루만져 주는 따뜻한 에너지'가 있다. 그림의 가격, 화가의 인지도가 그 에너지에 영향을 주지는 않는다. 엽서나 포스터라도 괜찮다. 자신의 마음에 스며드는 그림이나 사진 한 장. 그것을 통해 힘이 나고 위안을 얻고 기분이 유쾌해지는 것. 동시에 집안에 생기가 감돌고 인테리어 관점으로도 아름다운 꾸밈 효과를 나타내는 것. 그것이 작은 그림 한 점의 위력이요, 그림을 집에 들이는 기쁨이다.

PART1

DECORATION WITH ARTFUL IDEAS

그림과 사진을 활용한 소박한 아이디어

거창한 작가의 작품이 아니더라도,
그림과 사진으로 집을 꾸미는 방법은 무궁무진하다.
직접 찍은 사진, 여행을 하거나 나들이 길에서 모은
엽서와 갤러리 브로슈어, 혹은 마음에 들어 오려 둔
잡지 사진으로도 집을 아름답게 단장할 수 있다.
여기 18평부터 30평대까지, 다양한 크기의 집에
적용한 그림 데코 아이디어를 소개한다.
내 집에 건 작은 그림 한 점이 얼마나 일상을
풍요롭게 만드는지 보여주는 좋은 예가 될 것이다.

PART 1

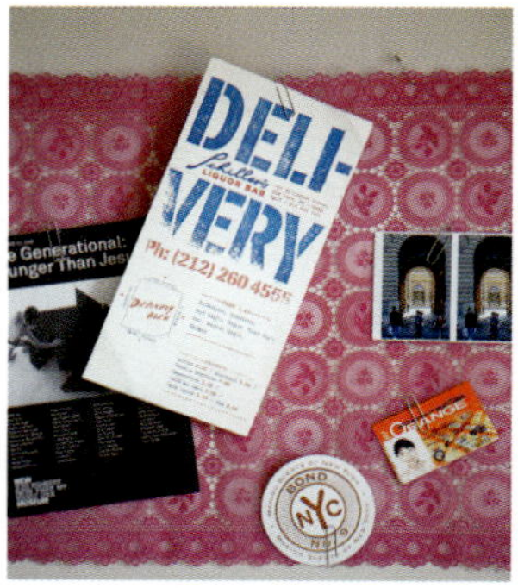

DECORATION WITH ARTFUL IDEAS

1

직접 그린 그림으로
스위치&콘센트를
감추다

삭막한 오피스텔에 그림의 경쾌함을 더한 집

조민정 서울 영등포구 여의도동 20평대 오피스텔

"멋지고 좋은 집을 많이 봐서 정말 잘 꾸미고 살겠네요."

기자 생활을 하면서 숱하게 들어 온 질문 중 하나다. 실상은 마감 때면 청소며 빨래를 제때 할 정신이 없을 뿐더러, 싱글의 특성상 '나중에 큰 집으로 이사가면, 또는 결혼하면 그때 잘 꾸며야지'하며 미루기 일쑤였는데 말이다. 그러나 직장을 그만두고 뉴욕에서 2년간 머무는 동안, 잠깐 살고 떠날 것을 알면서도 평생 지낼 공간처럼 방을 꾸미던 친구들을 보면서 내 생각은 많이 달라졌다. 친구들은 저렴한 비용과 아이디어로 집을 꾸미고는 했는데 그때마다 빠지지 않는 것이 그림이나 엽서, 아트 포스터였다.

"순간이 모여 인생이 되는데, 잠깐이라고 대충 해놓고 살면 그게 굳어져 평생 자기 취향이나 흔적이라고는 없는 공간에서 살게 되지 않을까?"

친구의 이 말을 들은 뒤부터 나는 어디를 가든 내 공간에 작은 그림엽서라도 꼭 붙여 두게 되었다. 이런 연유로 그림 데코의 아주 쉬운 예로, 부끄럽지만 나의 소박한 공간을 조심스레 공개해 본다. 누군가에게 '저 정도면 나도 부담 없이 그림을 장식할 수 있지 않을까'하는 자신감을 주거나 작은 동기부여가 되기를 바라면서.

Decoration with artful ideas

못질 못하는 전셋집에 그림을 걸다

얼마 전, 동생과 함께 20평대 오피스텔로 이사를 했다. 이 집은 구조나 기본 시스템 면에서 이전 집과는 많이 달랐다. 획일화된 딱딱한 디자인의 창이라든지 서서히 사다리꼴로 벌어지거나 계단처럼 꺾인 거실 벽, 눈에 거슬리는 수많은 스위치와 조절 장치들처럼 말이다. 처음에는 좋아하는 그림엽서나 몇 장 붙일 생각이었는데, 가구가 많지 않다 보니 집 전체가 너무 허전해 보였다. 그래서 빈 공간이나 눈에 거슬리는 스위치를 가릴 용도로 그림 몇 점을 장식하기 시작했다. 먼저 직접 그렸던 그림과 예쁜 엽서들을 꺼내어 이리저리 배치해 보았다. 하지만 전셋집에 흠집 내는 것이 두려워 못질은 고사하고 벽지 위에 시판 접착 고리를 붙이는 것도 조심스러웠다. 그래서 큰 액자는 바닥에 내려놓고 엽서나 미니 액자는 시침핀으로 붙이는 것으로 결론을 내렸다.

시침핀은 의외로 무게를 잘 견디고 뽑아냈을 때 벽지에 자국도 거의 남지 않아서 전월세집에 엽서나 사진을 장식할 때 유용하다. 침실의 침대 발치에 둔 구형 TV 주변에는 엽서나 사진을 큰 사각형으로 붙여 구형 TV가 묻히는 효과를 노리기로 했다. 여행 때 발견한 아기자기한 숍들의 명함, 보라색의 미니 트레이, 미술관 티켓 등을 서로 윗선만 맞춰 시침핀으로 고정했고 직접 그린 일러스트와 키스 히링의 엽서 위에는 유리를 제거한 액자 프레임만 시침핀으로 고정해 입체감을 살렸다. 또 패브릭 위에 여행 중 그린 일러스트를 겹친 다음 액자에 넣어 바닥에 기대어 놓았다.

192 BOOKS
BOQUERIA
sweden
NEW
235 BOWERY
NEW YORK NY
10002 USA
MUSEUM
sliding sofa
LG

침실 스위치를 가리기 위해 건 레터링 캔버스 액자.

수많은 스위치를 캔버스 액자로 커버하다

이 집에서 가장 거슬렸던 것 중 하나는 큰 인터폰과 수많은 냉난방 조절 버튼, 그리고 조명 스위치들이었다. 그러던 어느 날, 문구점에서 적당한 크기의 캔버스를 발견했다. 캔버스를 스위치 위에 살짝 걸었더니 깔끔하게 가려지는 게 아닌가. 들고날 때 한 번씩만 불을 껐다 켜면 되니 캔버스를 들었다 덮었다 하는 빈도도 낮아 문제 될 것이 없었다. 거실 스위치와 인터폰 위에는 유학 시절 그린 플라워 모티프 그림을 캔버스 틀에 맞추어 표구해 걸었고, 거실 보일러실 옆 스위치(뒷 페이지의 주황색 의자 뒤)에는 사진작가 이길렬의 작품을 걸어 두었다. 이 작품은 프레임 뒷면에 캔버스 액자처럼 공간이 있어 스위치에 손쉽게 걸 수 있었다. 이제 소파에 앉으면 보기 싫은 스위치 대신 이길렬 작가의 작품이 보이고, 1인 체어에 앉으면 소파 뒷면의 그린 컬러 모티브 그림을 감상할 수 있게 되었다.

또 집에 생기발랄한 메시지를 전하고 싶어 다양한 크기의 캔버스 위에 원하는 글씨를 그려 넣기도 했다. 침실에는 침대 스위치에 'Good night'이라는 레터링을 그려 걸었는데 장식 액자 겸 스위치 가리개로 톡톡히 제 역할을 해내어 뿌듯했다. 거실에는 'HOPE', 화장실에는 'LOVE'라는 레터링을 그려서 공간에 작은 재미를 더했다. 캔버스에 연필로 원하는 알파벳의 아웃라인을 그린 다음 즉흥적으로 패턴을 만들며 물감으로 그렸다. 완성도보다 투박한 손맛과 튀는 색감이 더 살아야 귀여우니 누구나 쉽게 도전해 볼 수 있을 듯하다.

욕실에 장식한 레터링 액자와 욕실 현관 스위치 위에 세로로 나란히 건 노석미 작가의 아트 수첩 표지.

브로슈어, 잡지 사진은 단정하게 액자에 넣는다

자잘한 브로슈어나 엽서, 잡지를 액자에 넣어도 아트 포스터나 아트 상품 못지않은 번듯한 장식 액자가 된다. 작은 방에는 핫핑크 컬러의 아트 페스티벌 브로슈어를 매트 액자에 넣어 책상에 세워 두었고, 주방에는 〈보그 리빙〉에서 보고 반한 티 포트 사진을 컬러 복사해 가스 밸브를 가리기 위한 용도로 기대어 두었다. 그런가 하면 화장실 스위치 위에는 오래 전 구입해 다 써버린 노석미 작가의 미니 아트 수첩을 앞장만 오려내 미니 액자에 넣었다. 시침핀으로 뒷부분을 벽지에 꽂아 고정했는데 스위치 크기와 비슷한 액자를 세로로 나란히 걸었더니 스위치와 라인을 이루며 또 다른 장식이 되었다. 손님들은 이 작은 스위치 앞에서 노석미 작가 특유의 그림체와 어우러진 '난 사랑에 너무 쉽게 빠져'라는 멘트를 보고 종종 웃음을 터뜨리고는 한다.

유명 작가의 명작으로 화려한 코너를 꾸민 것도 아니고 인테리어 내공도 부족하지만, 이 소소한 케이스를 통해 부담 없는 이미지만으로도 일상에 작은 즐거움을 더할 수 있다는 것을 많은 이들이 느꼈으면 한다. 더불어 갤러리 산책이 잦아지고 신진 작가들에 대한 관심도 점점 깊어지면서 나만의 소박한 컬렉팅을 꿈꾸고, 취미 그림 작업도 열심히 하자고 다짐하고 있다.

캔버스 액자를 걸기 전 눈에 거슬렸던 스위치들.

잡지를 보다 마음에 드는 페이지를
컬러 복사해 액자에 끼웠다.

스위치 위에 건 캔버스 액자와 바닥에 내려 둔 그림으로 장식한 거실.

작은 방 책상 위에는 여행 중 얻은 브로슈어를 액자에 넣고 작은 사진을 시침핀으로 꽂아 장식했다.

주방 벽에는 앤디 워홀의 플라스틱 접시를 문구용 집게로 집고 시침핀으로 고정해 악센트를 주었다.

보일러실 옆 스위치에 걸어둔 이길렬 작가의 사진.

CATCH AND LEARN! DECO TIP

1 정면보다 측면을 공략하라

좁은 집에는 벽 정면에 그림을 걸면 답답해 보이는 경우가 있다. 이때는 모서리의 좁은 벽을 이용하거나 세로로 작은 그림엽서를 연달아 붙이는 것도 좋은 방법이다. 주방의 앤디 워홀 플라스틱 액자(Crate&Barrel의 세컨드 라인인 CB2에서 구입)와 화장실 스위치 위 노석미 작가의 미니 그림을 이런 방법으로 붙였다.

2 시침핀, 리본 테이프 등 부착 도구를 이용하라

앤디 워홀의 접시를 꽂을 때는 접시 색깔과 맞춰 문구용 집게를 꽂고 시침핀으로 고정했다. 만약 유리 없이 액자 프레임을 고정하려 한다면 벽지에 꽂은 시침핀 위에 플라스틱 액자를 살짝 걸치거나, 액자 고리에 리본 테이프를 연결해 벽에 고정하면 된다.

3 콘센트 자리를 활용하라

거실의 그림과 침실 TV 아래 액자는 모두 콘센트 앞에 세워 놓았다. 여러 개의 스위치가 보기 싫어 액자로 감추었듯, 좁은 집에서는 콘센트도 눈에 거슬린다. 그럴 때 이를 가리는 용도로 그림을 사용하면 숨김과 장식이라는 두 마리 토끼를 잡을 수 있다.

ART WORKS LIST

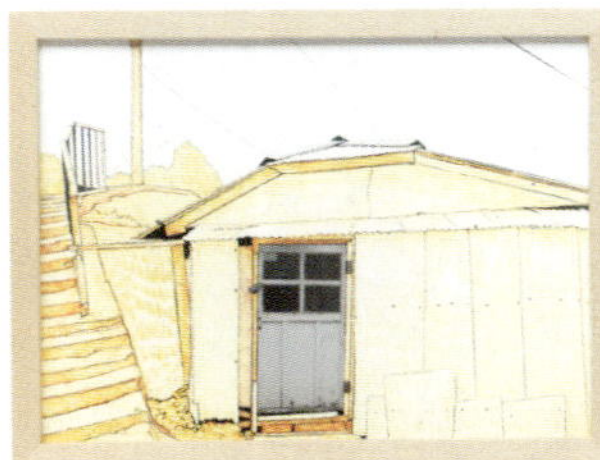

이길렬, 계단 문 전봇대

Decoration with artful ideas

여행 사진과
일러스트 엽서로
아트 월을
장식하다

함께한 순간을 사진과 그림으로 기록한 신혼집

홍우경·최정택 부부 서울 성동구 성수동 20평대 빌라

아직 앳된 얼굴의 20대 부부는 거창한 예술 작품 대신 여행이나 주말 데이트 때 찍은 사진이나 각종 전시회 엽서 등 둘이 함께했던 순간을 담은 사진과 그림으로 집을 꾸몄다. 이 집에 장식된 사진과 일러스트를 보고 있자면 마치 '둘이여서 행복하다'는 무언의 애정 표현처럼 느껴진다. 그 때문일까, 집안 곳곳에서 퐁퐁퐁 샘솟는 다정하고 즐거운 에너지는 손님에게도 절로 전해진다. 구태의연하지만 '신혼의 단꿈'은 넓은 평수나 비싼 아파트가 아니라, 같이 있는 것만으로도 좋은 그 마음에서 피어난다는 것을 이 집을 보며 새삼 깨닫는다.

미니 사이즈 사진과 그림으로 집안을 채우다

캠퍼스 커플로 시작해 8년 장기 연애 끝에 2010년 결혼에 골인한 부부는 소박하고 아담한 빌라에 둥지를 틀었다. 디자인 전공자들(아내는 패션잡화 디자이너, 남편은 경관 디자이너다)답게 본인들의 감성을 담아 보금자리를 꾸몄는데, 넓지 않은 평수에 웬만한 가구는 다 들여 놓았음에도 답답함이 느껴지지 않았다. 아내가 평면도를 그려 가며 가구 배치와 콘셉트를 신중하게 고민한 끝에 탄생한 결과물이기 때문이다.

이 집은 침실로 사용 중인 안방, 드레스 룸과 서재로 쓰이는 작은 방 2개, 그리고 거실과 주방의 구조로 되어 있는데, 거실이 오히려 침실보다 좁은 형태다. 거실은 소파와 TV장을 두면서 벽과 같은 흰색 소파를 택해 공간이 덜 좁아 보이도록 했고, 침실 역시 사다리 형태의 좁은 책장을 빼고는 키 높은 가구를 전혀 두지 않아 탁 트여 보이는 효과를 주었다. 일반적으로 공간이 협소하면 가구 외의 소품 장식은 배제하는 게 최선의 방법이라 생각하기 쉽다. 그러나 이들은 좁은 집에 소품은 여럿 두되, 부담스러운 큰 액자 대신 사진이나 그림을 프레임 없이 형태 그대로 벽에 붙였다. 그림 액자도 작고 심플한 30cm 이하의 캔버스 액자 형태로만 구입했다. 이렇게 부피감을 줄인 덕인지 집안 곳곳에 그림이나 사진 수가 꽤 많은데도 산만한 느낌은 전혀 들지 않는다.

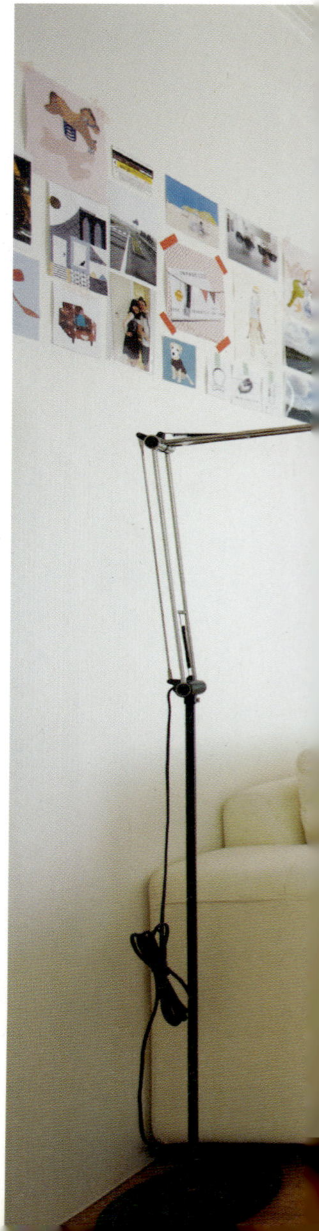

작은 스냅사진과 엽서로 거실 소파 벽면과 서재 책상 위를 아기자기하게 꾸몄다.

신혼여행 루트를 담아 아트 월을 만들다

가장 눈에 띄는 공간은 뭐니 뭐니 해도 작은 그림엽서와 사진, 지도, 심지어 비행기 티켓까지 붙어 있는 거실의 벽면이다. 처음에는 여느 신혼집처럼 큼직한 웨딩 사진을 걸어 두었는데, 개성이 없다는 생각에 신혼여행을 다니면서 찍고 모았던 엽서와 사진 한두 장씩을 붙여 나간 게 그 시작이었다.

"신혼여행 때 갔던 도시의 그림 지도와 촬영한 사진, 그곳에서 하나둘 모은 엽서, 그리고 끼적거린 낙서, 비행기 티켓까지 기념으로 붙였어요. 마치 메모리 보드처럼요."

벽면 전체를 꽉 채우면 아무리 작은 그림이라도 중구난방으로 보이기 쉬운 까닭에, 소파와 천장 사이에 충분히 여백을 두면서 굵은 띠 형태로 거실 폭 전체를 가로지르면서 그림들을 붙였다. 이때 위나 아래선 중 한쪽은 일렬로 맞춰 붙여야 깔끔하게 정돈되어 보인다. 가벼운 종이 재질이다 보니 액자를 달 때처럼 못질할 걱정 없이 컬러풀한 테이프로 붙이면 된다. 붙였다 떼어내는 것도 쉬우니 기분에 따라 그림이나 사진을 바꿀 수 있는 것도 장점이다. 이 소박한 아트 월에 입체감을 주기 위해 부부가 주고받은 카드나 선물 봉투 등을 붙여 변화를 준 것이 특히 재미있다. 인테리어 효과는 물론 부부는 여행 때 기억을 되새길 수 있어 즐겁고, 손님들은 사진과 엽서 구경하느라 심심하지 않으니 효과도 일석삼조인 셈이다.

침실, 여백을 살려 액자로 힘주다

거실 벽은 채우고 침실 벽은 비워 집 전체 인테리어의 균형을 맞추었다. 침실을 좀 더 넓게 쓰기 위해 자잘한 옷들은 드레스룸으로 보내고, 가로로 긴 수납장과 사다리 형태의 심플한 책장에 잡동사니와 책을 모두 깔끔하게 정리했다. 너무 차분해서 2% 부족한 분위기는 액자로 센스 있게 마무리했다. 수납장 위에는 넓은 흰색 매트가 있는 나무 프레임 액자를 올려 차분하고 평화로운 분위기를 더했고, 책장 맨 위칸에 캔버스 아트 액자를 기대어 놓아 밋밋할 수도 있었던 침실에 컬러 포인트를 주었다. 수납장 위에는 채도가 낮은 연두색, 갈색, 오렌지색 액자를 나란히 장식하고 그 위에 여행 테마의 사진엽서도 붙였다.

"사실 우드 프레임 액자 안의 사진엽서는 저희가 찍고 엽서처럼 디자인해 프린트한 거예요. 일반 여행 사진을 끼워 놓은 것보다 세련되어 보이더라고요. 벽에 그냥 붙여도 디자인이 가미된 것처럼 보이죠. 캔버스 아트 액자는 컬러도 예쁘지만 여행 테마라 사진엽서와 주제가 일맥상통하는 면이 있어요."

여백의 미를 살린 침실에는 작은 스냅사진과 미니 캔버스 액자로 포인트를 주었다.

evian
evian

평범한 사진과 그림도 한데 모으면 특별해진다

이 집에는 1300K(www.1300k.co.kr)에서 구입한 작은 사이즈의 캔버스 그림 액자가 침실에 두 점, 거실에 두 점, 그리고 주방에 석 점, 총 일곱 점이 장식되어 있다. 그중에서도 거실에서 침실로 향하는 문간에 세로로 배치한 액자를 쭉 훑어 내리다 순간 웃음을 터뜨릴 뻔 했다. 맨 위의 파란 하늘과 노란 땅 그림은 노란 바탕의 고양이 액자로 이어지고 그 아래 인터폰 위에는 무심한 듯 곰돌이 인형이 놓여 있다. 맨 밑에는 토끼 인형 쿠션으로 동물 테마의 대미를 장식했으니 이 얼마나 깜찍한 아이디어인가!

주방 코너도 마찬가지다. 식탁 옆 벽면의 집 시리즈 미니 액자는 그 아래 식탁 위의 미니 집 모형들 덕분에 시선이 옆과 아래로 한 번에 이어져 크기는 작아도 여느 대형 액자 못지않은 효과를 내는 듯하다.

이들 부부는 깨소금 냄새 폴폴 풍기는 신혼의 일상뿐 아니라 주말 데이트 코스 등 가는 곳마다 아내는 남편을, 남편은 아내를 촬영하고 기록한다. 이 기록들은 집안뿐만 아니라 이들의 블로그 '뚝섬 부부의 신혼 일기'(blog.naver.com/jtandwk)에도 함께 기록되고 있다. 이렇게 촬영한 사진들은 현상해 주제별 앨범을 만들어 서재 한켠에 깔끔하게 정리해 놓았다. 그리고 다소 평범한 인물 사진이나, 폴라로이드 사진, 증명사진도 한데 모아 코르크 판넬에 붙여 놓으니 그 자체만으로 보는 재미가 있다.

사진이나 그림이 꼭 작가의 작품처럼 화려한 기교나 멋진 주제를 담고 있어야 하는 것도, 번듯하고 고급스런 액자에 걸어야 하는 것도 아니다. 사소한 일상의 흔적도 모이고 쌓이다 보면 그보다 더 특별한 작품도 없다는 것을 이들 부부가 잘 보여 주고 있다.

주방에 메모판에 장식한 사진. 그 밑의 사진은 거실에서 바라본 침실 전경으로, 곳곳에 그림을 걸어 개성있게 장식했다. 맨 아래 사진은 서재에 정리해 놓은 스냅 사진과 앨범 코너.

CATCH AND LEARN! DECO TIP

1 포인트 컬러를 정하라

원목과 화이트로 가구와 벽을 단장하고 집 전체를 빨간색 컬러로 통일시켜 포인트를 주었다. 거실의 빨간 사이드 수납장, 빨간 소파, 거실 벽의 그림들, 그리고 주방 캔버스 액자의 빨간색 컬러도 마찬가지다. 벽면에 붙은 그림, 가구, 각 부실이 서로 들뜨지 않고 통일감 있게 느껴지는 이유다.

2 자유로운 배치와 산만한 배치는 다르다

인테리어 고수가 아니라면 잡지에서 볼 수 있는, 작은 사진이나 그림으로 벽을 가득 채우는 것은 위험하다. 그림을 캐주얼하게 붙이거나 걸되, 최소한 테마나 포인트 컬러를 통일하거나 아니면 붙일 때의 중심선을 맞추는 등 하나의 기준을 잡아야 공간이 산만해지지 않는다.

3 그림 배열은 세로 본능과 가로 본능에 충실할 것

자잘한 그림을 많이 걸 때는 작은 집일수록 그룹을 지어 붙여야 공간이 넓어 보이는 효과가 있다. 이들 부부의 경우 가로로 긴 거실 벽에는 가로로 길게, 세로로 긴 문 옆에는 세로로 길게 그림을 배치했다.

WEDDING
INVITATION
1Q84
1Q84
1Q84
장미의 이름

Decoration with artful ideas

아트 상품과
소품을 적절하게
매치하다

그림과 꽃이 만발한 로맨틱한 공간

차정주 서울 구로구 구로동 10평대 복층 원룸

좋아하는 작가의 작품을 구입하고 싶지만 미술에 대한 정보가 부족하거나 그림 고르는 안목에 자신 없을 때는 잘 만든 '아트 상품'이 또 다른 대안이 될 수 있다. 아트 상품에 대한 미술계의 의견은 분분하지만 화가들에게는 대중들을 직접적으로 만날 수 있는 새로운 판로를 개척해 주고, 대중들 역시 좀 더 경제적인 가격에 자신이 좋아하는 그림을 일상에 끌어들일 수 있다는 장점에 대해서는 누구도 부정할 수 없다.

아트 상품 개발시장에 뛰어든 20대 전시 기획자 차정주 씨는 전도유망한 국내 작가들의 아트 상품과 다양한 소품들을 매치시켜 자신의 원룸을 톡톡 튀는 감각으로 꾸몄다. 그녀의 공간은 작품의 진위 여부를 떠나 그림으로 작은 공간이 얼마나 달라질 수 있는 지 보여 주는 좋은 예라 하겠다.

쉽게 시작할 수 있는 실용적인 아트 상품의 매력

인테리어를 전공하다 순수 미술의 매력에 빠져 전시 기획자의 길을 걷고 있는 차정주 씨. 그녀에게는 그림 중심의 인테리어 소품 쇼핑몰인 디자인톡톡(www.designtoctoc.com)의 대표라는 또 하나의 직함이 있다. 그녀의 아담한 복층 원룸은 그녀가 개발한 위트 넘치는 국내 작가들의 팝아트 상품과 캐주얼한 일러스트 작품, 아기자기하면서도 로맨틱한 소품, 꽃들이 어우러져 개성 있는 인테리어를 보여 준다.

"몇 년 전 갤러리에서 일하면서 아트 페어에 참석할 기회가 있었는데, 그때 매일 저녁마다 들리던 젊은 여자 고객을 만날 수 있었어요. 집에 걸어 놓을 그림을 사기 위해 차곡차곡 돈을 모으고 있다며 유심히 그림을 살펴보더니, 아트 페어 마지막 날 드디어 자신을 위한 그림을 한 점을 구입하시더라고요. 그 모습을 보면서 사람들이 그림을 더 가까이 접할 수 있는 루트가 있으면 좋겠다는 생각을 하게 되었죠."

전시 기획 일을 하며 알게 된 젊은 화가들을 보며 그들을 대중들에게 널리 알릴 기회가 더 많았으면 하는 생각에 본격적으로 아트 상품 시장에 뛰어들었다. '예술을 바탕으로 한 인테리어 소품'인 아트 상품은 미술 작품을 컬렉팅하기 전에 감각을 키울 수 있고 그림을 좀 더 가벼운 마음으로 집에 들이고 싶을 때도 유용하다. 아이들이 장난치고 놀다 그림에 스크래치를 내거나 흠집을 내어도 별걱정이 없어 실용적이기도 하다.

MILK

소품과 그림을 적절히 매치하다

그녀의 집은 모던한 가구에 로맨틱한 소품을 적절히 믹스 매치한 스타일이다. 2층은 천장이 높지 않아 옷이나 잡동사니를 보관하는 수납공간으로 활용 중이다. 1층은 적절히 섹션을 나누어 창가 쪽은 침대(프레임 없이 매트리스만 두어 캐주얼한 느낌을 강조했다)를 두고, 그 앞 책장에는 테이블을 두어 다이닝 코너를, 그 옆으로는 일을 하는 서재 공간으로 분할했다. 컬러도 주조색인 화이트에 군데군데 다양한 디자인의 빨간 의자들을 믹스해 포인트를 주었다.

집안 곳곳에 미니멀한 디자인의 가구가 많다 보니 그에 걸맞은 국내 대표 팝아트 작가들의 그림을 골라 걸었다. 동양화와 팝아트의 경계를 오가며 작품 활동을 하는 김지희 작가의 얼굴 시리즈와 〈Sleeping heart〉시리즈로 유명한 강영민 작가의 작품은 그녀가 특히 좋아하는 작품들. 심플하지만 따뜻한 그림체를 선보이는 일러스트레이터 윤파랑과 조선진의 작은 그림 액자를 곁들여 아날로그적인 감성도 더했다.

이 집을 둘러보면 인테리어 소품 역할이 더 부각되는 아트 상품의 특성상 다른 소품과 매치해 '코너'를 구성하는 것이 이상적임을 알게 된다. 벽에 그림을 건다면 스탠드나 키가 큰 식물을 두어 시선 가는 코너 자체를 넓게 확장시키고, 선반 위나 콘솔에 그림을 기대어 둔다면 유리병이나 테이블 조명, 그림과 연관되는 소품을 한두 개 곁들이는 것이 가장 무난한 방법이다. 주방의 빈티지 커피포트 옆에는 실제로 커피 일러스트를 장식했고, 펜 터치가 돋보이는 일러스트에는 타자기와 상반되는 질감의 유리장식 볼을 여러 개 믹스 매치해 코너를 지루하지 않게 꾸몄다. 또한 이 집에는 그림 수만큼 크고 작은 꽃병도 눈에 띈다.

"어머니께서 꽃집을 하셔서 그런지 꽃을 꽂아 두는 것이 습관이 되었어요. 꽃은 시선을 집중시켜 그림을 더 돋보이게 만들더군요."

잔잔한 안개, 큼직한 장미 등 그림 코너에 어김없이 장식된 꽃은 똑 떨어지는 사각 프레임 액자로 힘이 잔뜩 들어간 공간을 부드럽고 온화하게 만들어 주었다. 작은 팁을 곁들이자면, 컬러풀하고 팝아트적인 그림에는 큰 원색 꽃송이보다는 옅은 컬러의 잔잔한 꽃을 놓아야 그림과 강약 조절이 되면서 꽃과 그림이 둘 다 살아난다. 클래식한 유화를 걸었다면 꽃송이보다는 가지나 줄기가 돋보이는 꽃을 꽂아 우아한 라인을 한껏 강조하는 것이 좋다고.

I
NY

MY Love
For Coffee

잡지와 카탈로그 그림을 활용하다

잡지에서 종종 미술 관련 칼럼을 찾아볼 수 있는데 마음에 드는 그림을 발견하면 오려서 스크랩해 두는 것도 좋다. 책상이나 화장대를 색다르게 연출하고 싶을 때 오려 둔 그림을 액자에 넣어 걸기만 하면 손쉽게 분위기까지 전환할 수 있기 때문이다. 그녀는 책상 위쪽 벽에 잡지에서 발견한 'LOVE'라는 레터링 페이지를 그대로 끼워 넣어 장식했는데, 여기에 미니 사이즈의 원형 거울, 그리고 다양한 사각 프레임을 충분한 여백을 주면서 마음이 가는 대로 같이 배치해 놓으니 로맨틱하면서도 사랑스러운 월 데코가 완성되었다. 잡지에서 발견한 어느 여인의 파스텔 톤 초상화를 샛노란 액자에 끼워 연 핑크 꽃송이와 함께 사다리형 수납장에 올려놓았다.

인테리어 전공자로서 공간 활용과 소품 매치에 능하고 전시 기획자로서 그림 보는 안목과 화가에 관한 정보 수집력이 뛰어나다 보니, 그녀에게 이런저런 문의를 해오는 이들도 있다. 자신이 갖고 있는 아이디어나 전시 정보, 전문 사이트에서 스크랩해온 사진들을 자신의 블로그(blog.naver.com/chozlove)에 게재하며 그림에 대한 아이디어를 지속적으로 웹에서 알게 된 이웃들과 나누고 있다.

화장대 코너는 정사각 캔버스 액자와 미니 일러스트 액자, 그리고 독특한 조명으로 꾸몄다.

CATCH AND LEARN! DECO TIP

1 그림에 어울리는 꽃 찾기

그림과 꽃을 매치할 때는 분위기나 색감을 고려하는 방법이 있다. 팝 아트풍이나 미니멀한 그림에는 오히려 꽃잎이 흐드러진 비정형의 꽃이 어울리고, 클래식한 고전 명화에는 가지나 줄기가 돋보이는 식물 또는 큰 꽃잎 하나로 힘줄 수 있는 식물이 어울린다. 색감이 거의 없는 스케치나 판화 작품에는 컬러풀한 식물을, 원색적인 강렬한 추상화에는 단순한 다육식물이나 잎사귀만 매치하는 것이 좋다.

2 액자 프레임을 다양하게 고른다

다양한 프레임을 활용하면 다채로운 느낌을 줄 수 있다. 크리스털에 바로 압착 프린트한 아트 상품은 모던한 집 인테리어에 잘 어울린다. 또 나무 프레임 액자에 담긴 일러스트는 아날로그적 감성을 더 돋보이게 한다. 그 외 잡지 등에서 오려낸 그림들은 원색 프레임을 쓰거나 장식이 많이 들어간 프레임을 사용하면 액자에 더 많은 시선이 쏠린다.

3 그림 없이 액자만 모아도 인테리어가 된다

책상 위에는 다양한 사이즈와 모양을 가진 거울, 그림, 레터링 액자 등이 한데 어우러져 걸려 있다. 심지어 보기 싫은 전기 박스도 크기가 꼭 맞는 액자 프레임을 끼워 넣어 '장식'으로 승화시켰다. 이런 프레임들 덕에 인터폰도 묻혀서 눈에 거슬리지 않는다.

4 집안 곳곳에 그림을 배치한다

좁은 집의 경우 큰 그림보다는 부담 없이 걸 수 있는 A4나 B4 사이즈 정도 크기 작품을 시리즈로 여러 개 배치하는 것이 적절하다. 선반이나 서랍장을 적극 활용하는 것도 한 방법인데, 작은 액자를 여러 개 선반 위에 올려 둘 경우에는 산만해 보이지 않도록 단순한 컬러를 택하는 것도 좋다. 복층 구조를 십분 활용해 계단 층계마다 미니 사이즈 액자를 하나씩 벽에 기대어 두는 것도 공간 활용의 좋은 아이디어다.

4

**아내가 찍은
사진과 남편이 조각한
액자로 꾸미다**

아날로그 감성을 사진과 가구에 담은 집

박유빈 · 이상윤 부부 서울 종로구 부암동 20평대 주택

지향하는 라이프스타일이 비슷한 상대를 만나 평생을 함께 하게 된 박유빈·이상윤 부부. 사진을 찍는 여자와 나무를 깎는 남자는 만난 지 1년 만에 부부의 연을 맺고, 이들의 자유롭고 감성적인 코드와 딱 맞는 동네에 둥지를 틀었다. 어느 볕 좋던 여름날, 필요한 것만 만들어 쓰고 그 외에 넘치는 것들은 들이지 않는 원칙을 그대로 지켜 나가는 이 부부의 아날로그적인 신혼집을 방문했다. 조각가인 남편은 직접 나무를 깎아 싱크대, TV장, 각종 선반과 화장대, 심지어 칫솔꽂이까지 만들며 자급자족 신혼살림을 제작했다. 이런 남편과 쿵짝이 잘 맞는 아내는 부부의 순간을 포착한 사진을 남편이 만든 가구에, 주워온 나무 문짝에, 작은 모빌에 달면서 재미있는 아이디어와 손맛을 더해 소박한 사진과 가구 갤러리를 완성했다.

프레임 없이 스냅사진을 자유롭게 붙여 장식한 침실.

시간이 느리게 흐르는 신혼집

〈쎄씨〉, 〈레몬트리〉 등의 잡지 포토그래퍼로 감성 충만한 사진을 찍어 온 박유빈 씨와 나무의 매력을 정직한 라인으로 살려 내는 조각가 이상윤 부부가 부암동에 신혼살림을 차렸다. 문화 피플들이 하나둘 모여들고 있는 부암동은 교통이 다소 불편하지만 그 불편함을 감수할 만큼 고즈넉한 매력이 있는 동네다. 이곳에 신혼집을 꾸미면서 부부는 김치찌개 냄비와 돗자리를 들고 뒷산으로 소풍을 가기도 하고, 맑은 날이면 이불 빨래를 햇볕에 뽀송뽀송하게 너는 행복한 아날로그 라이프를 향유하고 있다. 부부의 라이프스타일을 반영하듯, 집에는 인위적인 장식이나 매끈한 레디메이드 제품은 보기 힘들다. 이렇게 긴 사설을 푸는 이유는 이 집은 인테리어보다 그에 반영된 부부의 라이프스타일을 먼저 느꼈으면 하는 마음에서다.

현대판 로빈슨 크루소, 몇 개월간 신혼 가구를 만들다

'결혼해서 하나씩 장만해 가며 살겠다. 무에서 유를 성취해 가는 기쁨도 크다'. 이 부부는 기특하게도 21세기에는 듣기 힘든 이 말을 고스란히 실천하며 사는 기쁨을 만끽 중이다. 남편 이상윤 씨는 처음에는 나무로 싱크대를 만들었고 그 다음에는 거실 장을 만들어 나가기 시작했다. 그가 만든 가구는 순수하게 재료 본연의 모습을 살리되, 기능에 집중한 간결한 디자인을 선보이고 있는데 그의 조각 작품과도 일맥상통하는 부분이 많다. 여느 아내 같았으면 불평이 나올 만도 한데 남편과 생각의 줄기가 같은 그녀는 "우리 집이 매일 새롭게 태어나고 있어요"라고 달라지는 집 전경을 페이스 북에 생중계하며 신혼 생활의 흥분을 감추지 않는다.

자투리 나무도 사진 액자가 된다

박유빈 씨는 신혼여행 가서 찍었던 부부의 모습이나 풍경 사진, 마음에 들었던 컷을 현상해 집안에 붙여 놓았다. 그 모습 또한 어느 하나 인위적인 구석이 없다. 남편은 손잡이를 단 빈티지 함석판에 덮개를 붙여 안쪽은 잡동사니 수납공간으로, 함석판 자체는 포토 보드로 쓸 수 있게 책장을 만들었다. 아내는 그 위에 자신들의 사진을 자유롭게 붙여 포토 보드로 꾸몄다. 또 남편이 "액자 대신 쓰면 되겠다"며 나무를 주워 와 니스를 칠하고 말려 두면 아내는 노란색 포장지에 정물 사진을 프린트한 다음 테이프로 툭툭 붙여 화장대 옆에 살짝 기대어 둔다. 모든 게 그런 식이다. 남편이 가지고 온 낡은 문짝은 빈티지 액자 프레임 용도로 다시 태어나 부부의 사진을 담은 채 싱크대 상단 선반을 떡 하니 차지하고 있으며, 조각을 하고 남은 나무는 모양을 살려 가운데만 깎아 세상에서 하나뿐인 액자가 되어 선반 위를 장식했다.

모빌과 종이 액자로 사진을 장식하다

소위 '샌드위치 액자'라고 불리는 가볍고 도톰한 종이 액자 세트는 온갖 디자인 문구 숍에 입점되어 있을 정도로 인기를 끌고 있다. 기존 액자만큼 부피감이 있으면서도 가볍고 붙였다 떼어내기 쉬워 못 자국을 남기지 않아야 하는 장소에도 부담 없이 장식할 수 있기 때문이다. 박유빈 씨는 증축한 2층으로 올라가는 계단 정면에 남편의 조각 작품을 세우고, 그 위 3개의 샌드위치 액자에 사진을 넣어 붙여 공간의 여백을 살려 냈다. 로맨틱한 신혼의 이미지를 모아 결혼사진, 새벽녘의 풍경 사진, 그리고 회색 바탕의 은은한 꽃병 사진을 골라 연출했다. 2층 침실에는 프레임 없이 스냅사진을 여럿 붙인 뒤 1~2개만 샌드위치 액자 프레임에 넣어 볼륨감을 강조했다. 그런가 하면 1층 천장에는 3~4천 원에 구입한 비둘기 모빌에 펀치로 구멍 뚫은 사진을 달아 몇 분 만에 뚝딱 그럴듯한 사진 모빌을 완성했다. 거실 선반 옆 시계 바늘 가운데 자신의 사진을 오려 붙인 것도 재치가 넘친다.

요즘에는 집에서 직접 찍은 사진을 프린트하는 이들도 참 많은데, 박유빈 씨는 몇가지 팁을 제안했다. 같은 사진이라도 사진 인화지에 프린트 하느냐, 포장지에 프린트 하느냐에 따라 그 느낌이 확연히 달라지므로 색다른 재질의 종이를 활용해 보라는 것. 또한 디지털로 촬영한 사진 위에 그림을 그려 넣을 수 있는 기능을 가진 앱이 많은데, 이 기능으로 그림을 덧그린 채로 사진을 현상하면 개성 있는 이미지가 탄생된다고 했다.

PHOTO. BY. PARK. YOO BIN

가구와 사진 살리는 빈티지 소품을 둔다

남편 이상윤 씨는 예민한 예술가의 안목을 지닌 '디테일'의 왕자다. 소품 하나 무심코 놓아둔 것 없이 철저한 계산 아래 위치를 정해 장식했다. 사진도 마찬가지다. 꼼꼼하게 정한 위치에 빈티지 소품들과 사진을 적절하게 매치했는데, 유행에 따르려 숍에서 구입한 '빈티지'가 아니라 오랜 시간이 흘러 자연스레 빈티지가 된 물건들이라 정겹다. 현관 옆 선반 고리 아래에는 걸어 둔 앞치마와 빈티지 먼지떨이, 그 위에 아내의 사진을 올려 둔 코너는 간결한 서정미가 느껴진다. 또 빈티지 라디오 위에 '우리 잘 살아 보자' '그치'라는 부부의 문구가 적힌 사진을 올려놓은 센스도 예사롭지 않다. 거실 TV장 위에 둔 디지털 액자도 왼쪽의 검은 아프리카 조각상과 대칭을 이루게 두어 어색함 없이 아날로그 하우스에 스며들었다. 침실에는 여행 사진을 가득 붙이고 그 아래에 친정아버지가 쓰시던 오래된 여행 가방을 매치하기도 했다.

이들 부부의 소박한 집을 둘러보니 예술이란 자신의 일상에 문화적 감성을 더해 각기 다른 방향으로 발전시켜 나가는 것이라는 생각이 든다. 유행에 치우치지 않고 이들 부부처럼 취향대로 자신만의 라이프스타일을 담아낸 집들이 점점 더 많아졌으면 하는 마음이다.

빈티지 라디오 위에 장식한 샌드위치 액자.
중앙은 거실 책상에 만든 포토 보드.
맨 아래는 빈티지 창문 프레임을
액자처럼 사용해 장식한 주방.

CATCH AND LEARN!
DECO TIP

1 스냅사진의 힘

스냅사진은 때로 가구를 돋보이게 한다. 대신 액자에만 끼워 놓지 말고 여러 사진을 함께 붙이는 포토 월이나 다양한 형태의 액자를 두루 활용하면 좋다.

2 사물 사진이 더 무난하다

전문가가 찍은 사진이 아닌 경우 인물 사진을 여럿 붙였다가는 촌스러워 보이기 십다. 소품, 인물, 음식, 클로즈업 풍경 사진과 적절히 섞되 인물 사진은 30%가 넘지 않도록 한다.

3 생각지 못한 소품에 사진 장식

비둘기 모빌에 사진을 달거나 작은 라디오, 선반 위에 하나씩 사진을 올려놓으면 포토 월 사진보다 더 시선이 많이 간다.

5
Decoration with artful ideas

웨딩 사진과
여행 사진으로
추억을 걸다

곳곳이 앨범이 된 집

진은정 서울 강남구 반포동 20평대 아파트

가족의 행복했던 순간을 기록한 사진은 단시간에 모아지는 게 아니다. 모아진다 해도 파일 그대로 컴퓨터 어딘가에 보관되어 있거나 서랍 깊숙하게 넣어 둔 앨범에 잠자고 있기 일쑤다. 그러나 이 결혼 2년차 주부는 지난 시간만큼의 추억, 그리고 새로 태어나고 맺어진 가족의 사진을 앨범에서 꺼내어 집안 곳곳에 걸어 두었다. 자칫 촌스러울 수 있는 웨딩 사진을 패브릭 시트를 활용해 로맨틱하게 연출했는가 하면, 직접 찍은 여행 사진은 컬러풀한 매트 액자에 넣고 거실 벽에 걸어 새로이 되살렸다. 화려한 작품을 걸지 않더라도 이렇게 포착된 가족들의 순간 자체가 우리 인생에서 가장 멋지고 소중한 작품이다. 이런 가족만의 이야기를 세월 따라 차곡차곡 사진으로 표현하고 집안 곳곳에 걸어 두면 평범한 집이라도 특별한 추억이 담긴 뜻깊은 갤러리로 서서히 변모해 나가게 된다.

작은 장식 액자들로 힘준 공간

결혼 전 국제회의 기획자로 일했던 진은정 씨는 차분하고 여성스러우면서도 말투와 행동에서 기분 좋은 경쾌함이 느껴지는 사람이다. 이 26평 아파트 역시 그녀의 첫인상만큼이나 집주인의 이미지와 꼭 닮아 있다. 주부 2년 차의 일상을 엿볼 수 있는 아늑한 아파트는 방 3개가 있는 전형적인 20평대 구조로, 화려한 색감과 패턴을 사용하지 않았음에도 그 분위기가 무척 색다르다. 거실, 주방, 침실 등의 공간이 잔잔하게 빛을 발하는 것은 다른 집보다 월등하게 많은 사진 액자와 아기자기한 엽서, 군데군데 놓인 그림의 힘일 것이다.

찬찬히 집안을 둘러보면 평수에 비해 그림과 사진 액자가 많은 편이다. 이 정도 장식이면 실내가 복잡해 보이거나 어수선해지기 쉬운데 오히려 공간별로 말끔하게 단장되어 있다. 그 이유를 꼽아 보자면 첫째, 사진과 그림의 바탕이 되는 실내 주요 색상을 깔끔한 화이트 컬러와 따뜻한 원목으로 절제하고 둘째, 작은 크기의 포인트 액자들을 그룹지어 장식했으며 셋째, '가족의 이야기가 담겨 있어야 한다'는 원칙 아래 테마를 정하고 사진과 그림을 선택했기 때문이다.

공간별로 다른 사진과 액자 걸기

진은정 씨는 결혼 전 자취하던 시절부터 집 꾸미는데 관심이 많았다. 공간이 협소하고, 내 집도 아니었지만 샹들리에를 직접 만들어 달고 시트지로 싱크대를 리폼했으며 독특한 소품을 매치하고는 했다. 그러면서 자연스러운 소재에 과하지 않은 로맨틱한 소품의 매치를 즐기는 자신의 취향을 알게 되었고, 결혼과 동시에 신혼집에 그 취향과 노하우를 풀어놓았다(결혼 전 구입했던 자잘한 소품은 하나도 빼놓지 않고 알뜰하게 들고 왔다). 그리고 거기에 '가족'이라는 새로운 주제를 덧입혔다.

처음에는 집을 사진과 그림으로 꾸미기보다 밋밋해 보일 수 있는 흰색 실내에 소품으로 포인트를 주려는 의도였다. 그런데 원색이나 강렬한 패턴을 피해 평소 선호하던 잔잔한 파스텔 소품을 고르다 보니 2% 부족해 직접 찍은 여행 사진이나 웨딩 사진들을 꺼내어 하나둘 벽에 붙여 보기 시작했다. 부부와 아이를 둘러싼 가족의 모습을 담은 작은 사진들을 여러 개 붙이다 보니 마치 사진들로 하나의 이야기를 감상하는 듯 '스토리텔링' 효과도 줄 수 있어 만족스러웠다고. 각 공간의 기능이나 기본 인테리어에 따라 자연스럽게 사진 주제도 달리 정하고 또 액자도 전혀 다른 분위기로 선택했다.

부실별로 다른 테마의 사진을 장식하다

방 3개는 각각 부부 침실, 돌이 채 안된 아들 민재의 방, 다이닝 룸으로 사용 중이다. 손님을 초대할 때 다소 격식을 갖추고 앉게 되는 다이닝 룸에는 결혼 2년차 부부답게 흑백의 결혼 사진을 장식했다. 뻔한 포즈의 큼직한 웨딩 액자 대신, 부부의 뒷모습이나 자연스럽게 대화하는 모습과 같은 간접적이면서도 감성적인 사진만 고른 것이 인상적이었다. 식탁이 묵직한 원목 소재이기 때문에 A4 크기의 스티로폼 판넬 위에 트왈 벽지를 바르고 그 위에 사진을 붙였다. 연한 하늘색 트왈 벽지가 여성스럽고 클래식한 느낌을 돋우어 준다. 다이닝 룸 입구에는 신혼 여행지였던 우붓 장터에서 농부 화가에게 몇 만 원에 구입한 숲 그림을 걸어 두어 신혼 여행지의 추억을 되새기고는 한다. 이것은 그녀가 생애 최초로 직접 구입한 첫 예술 작품이기도 하다. 젠 스타일의 정갈한 침실에는 옅은 색 나뭇가지에 부부의 여행 사진이나 클로즈업 컷을 끈으로 묶은 다음 마치 모빌처럼 매달아 부부만의 공간에 걸맞은 서정적인 공간으로 연출했다.

유일하게 컬러 벽지를 시공한 아들 민재 방에는 아이와 함께 떠난 최초의 여행 사진들을 포스트잇으로 만든 하트 모양 프레임 안에 가득 채웠다. 나중에는 이 벽에 민재가 그린 그림들로 가득 채울 생각이다. 편안하게 앉아서 TV를 보거나 쉬는 거실 벽은 컬러풀한 배경 매트의 액자에 사진을 끼워 장식했다. 모두 직접 직은 사진들이지만 흑백으로 현상했더니 마치 작품 사진처럼 멋지고 액자 매트와의 컬러 대비도 한층 강렬해졌다. 이런 사진 꾸밈 아이디어는 국내외 잡지에서 벤치마킹해서 완제품 대신 온라인 쇼핑몰에서 기본 재료들을 구입해 DIY한 것이 대부분이다. 놀랍게도 거실과 다이닝 룸 사진 데코에 든 가격은 각각 4만 원선이다.

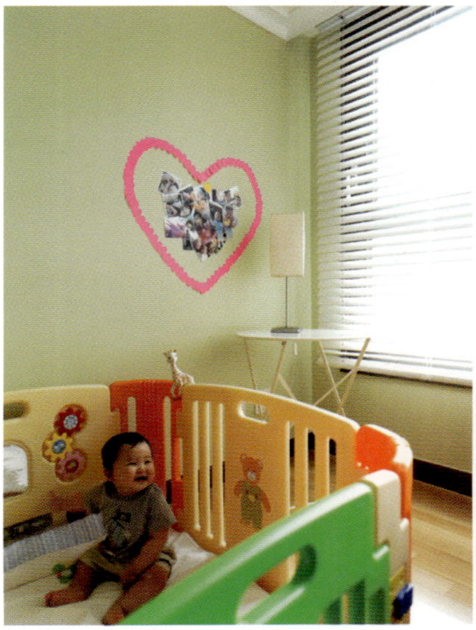

시어머니에게 물려받은 작품으로 꾸민 거실

진은정 씨의 집에는 유명 작가의 작품 몇 점이 눈에 띈다. 미술에 관심이 많으신 시어머니께서 물려준 작품들로, 소파 맞은편에 배치해 공간과 작품의 균형을 맞췄다. TV장 위에는 사진작가 염중호의 작은 사진 작품이, 그 옆에는 아담하지만 강렬한 백남준 작가 작품이 존재감을 드러내고 있다. 멀리 동이 터 오는 듯한 유럽 작가 리스버그의 작품은 가로로 긴 프레임을 살려 거실 창문 아래에 곱게 기대어 두었다. 눈여겨보아야 할 것은 이름 있는 작품이라고 해서 일부러 집 한가운데 걸지 않고 시선이 2차적으로 자연스럽게 닿는 곳에 배치해 다른 DIY 액자들과 균형을 맞추었다는 점이다. 작가가 유명하다고 해서 의미 있는 작품이 아니라, 결혼으로 한 가족이 된 시어머니와 새로 맺은 인연이 낳은 선물이라 의미 있다는 그녀의 말처럼, 의도적으로 무심한 듯 배치한 이 작품들은 다른 사진들과 스스럼없이 자연스럽게 조화를 이루고 있다.

ART WORKS LIST

우붓 지역 작가, 숲

염중호, Your Vacation

리스버그, Dessert Form 1

CATCH AND LEARN! DECO TIP

1 평범한 액자 대신 DIY 매트 액자

액자 프레임과 사진 사이의 여백이 삽입된 액자를 매트 액자라 부른다. 흰색 매트가 일반적이지만 컬러풀한 매트나 패턴이 들어간 매트를 사용하면 색다른 분위기가 연출된다. 색지, 독특한 패턴 포장지, 예쁜 패브릭 모두 매트로 활용 가능하다.

2 공간에 어울리는 테마 사진

진은정 씨는 다이닝 룸에 웨딩 사진, 거실에 여행 사진 등 부실 별로 테마를 나눠 사진을 장식했다. 침실에는 꽃 테마, 주방에는 예쁜 식기 사진이나 식도락 여행 사진을 테마로 정하는 등 자신의 취미나 관심사를 드러내는 테마를 정하는 것도 좋은 방법.

3 온라인 쇼핑몰 적극 활용

어린 아기 때문에 그림이나 관련 DIY 부자재 쇼핑이 힘들 때는 온라인 쇼핑몰이 해답이다. 침실의 나뭇가지는 G마켓(상품번호 207001643)에서, 다이닝 룸 액자 만들 때 사용한 트왈 패턴의 패브릭 스티커(스티커 형 시트지)는 손잡이닷컴(www.sonjabee.com)에서 구입했다.

6

Decoration with artful ideas

여백의 미를
살려야 작은
사진도 빛이 난다

사진과 엽서로 꾸민 빈티지 스페이스

한상선 서울 영등포구 당산동 30평대 아파트

출산을 하고 육아에 전념하는 친구들과 한자리에 모인 날이었다. "잡지에 나오는 인테리어는 그림의 떡이야. 아이들이 뛰어다니는데 어떻게 바닥과 벽에 깨지는 소품들을 두겠어. 오히려 다 치워야지." 이런 고민을 하는 친구들에게 얼마 전 다녀온 한상선 씨의 집 인테리어를 설파했다. 6개월, 4살 두 아들의 육아에 전념 중인 그녀는 바닥과 낮은 콘솔에 사진을 두는 대신 아이들 손이 닿지 않는 곳에 키 낮은 액자들을 달고, 유리 액자 대신 쿠션이나 베개 커버, 엽서 등으로 재치 있게 원하는 그림을 장식했다. 집을 그림이나 소품으로 꽉 채울 필요도 없다. 벽은 충분히 비워 두고 베란다 코너, 문 프레임, 침실 코너 등에만 몇 개의 액자나 엽서로 포인트를 주면 공간이 훨씬 넓어 보이면서 사진과 그림에 더 시선이 머물게 된다. 한상선 씨는 '인테리어를 해친다'는 오인 받기 쉬운 돌 사진까지 세련되게 걸어 엄마의 애정을 한껏 드러냈다.

vincent

집의 중심이 아닌 코너에 그림을 걸다

한상선 씨는 일본 카페를 연상시키는 화이트 빈티지 스타일을 좋아한다. 스타일링 학원에서 인테리어 수업까지 들었을 정도로 집 꾸밈에 관심이 많은 그녀는, 과감하게 천장을 뜯어 배관을 드러내고 이태원과 이베이를 열심히 뒤진 끝에 미국이나 유럽의 빈티지 소품과 가전을 찾아 집을 장식했다. 그럼에도 집에서 고요하고 차분한 공간미가 느껴지는 것은 집의 여백을 최대한 살렸기 때문이다.

"흰색 바탕에 아기자기한 가구 위주로 집을 꾸미고 또 천장 배관에도 시선이 많이 가다 보니, 벽에 뭔가를 걸거나 붙이는 것보다 비워 두는 쪽이 깔끔하더라고요. 한번은 직접 찍은 사진을 거실 벽이나 방 한가운데 걸어 보았는데 도무지 집 분위기와 어울리지 않았어요. 그래서 거실, 주방, 침실의 벽을 의도적으로 비우고 대신 시선이 비켜 닿는 베란다나 창문 옆 코너에 조그맣게 엽서나 사진을 걸었어요."

사진이나 엽서 개수는 많은데 집에 군더더기 하나 없어 보이는 것은 이런 '가장자리 장식 전략'이 제대로 효과를 발휘했기 때문이다. 그녀가 유일하게 큰 그림 액자를 건 공간은 침실 벽이다.

"그림을 사는 데는 사람마다 각기 다른 여러 가지 이유가 있는 것 같아요. 저는 아프리카 어린이를 돕기 위한 아프리카 작가의 전시회 때 처음 그림을 샀어요. 결혼 전이라 당장 그림을 걸 공간도 마땅치 않았는데 불우이웃을 돕는다는 의미가 좋아서 무작정 구입했죠. 이 아파트에 입주할 때 집을 둘러보다가 그 그림을 침실에 걸면 좋겠다는 느낌이 딱 오더군요."

침실에서도 여백을 부각시킨다는 그녀의 기본 원칙은 잘 지켜졌다. 입구에서 보이는 침대 헤드 벽은 비우고 고개를 돌려야 눈에 띄는 측변에 그림을 걸었다. 즉, 침실 안에 있는 사람은 그림을 잘 감상할 수 있으나 침실 입구에서는 흰색 벽만 보이도록 한 것이다.

돌 사진, 촬영 때부터 콘셉트와 거는 위치까지 계획하다

이 집에서 가장 눈에 띄는 코너는 현관 옆 방문 프레임을 따라 ㄱ자로 붙인 첫째 아이의 돌 사진이다. 결혼사진만큼이나 장식하기 힘든 사진이 바로 돌 사진이라는데, 그래서 그녀는 아예 처음부터 작정하고 세련된 흑백 톤으로 돌 사진을 촬영했다.

"아이가 아무리 예뻐도 돌 사진이 유치한 이유는 알록달록한 옷 색깔과 배경 때문이잖아요. 그래서 시간이 지나도 질리지 않도록 흑백 콘셉트로 정해 배경은 생략하고 아이의 표정에 집중해서 촬영했어요."

이렇게 촬영한 사진을 검정색 프레임에 넣어 문 가장자리를 따라 걸었더니 '면'을 차지하는 게 아니라 '선'으로 보여 여백이 훨씬 살아난다. 문 프레임 위쪽으로는 컬러 사진을 높낮이를 다르게 달고 영어 문구를 한 줄 써 넣어 아이 있는 집에 어울리게 발랄하게 연출했다.

빈티지 포스터를
자연스럽게 테이프로 붙여 장식한 주방.

my FAMILY !!

작은 액자와 엽서를 보기 좋게 배치하다

아이들이 어리다 보니 낮은 장식장이나 바닥에 액자를 두기 힘들어서, 유치원생 아이도 손에 닿지 않을 만한 높은 벽난로나 책상 위에 사진을 모아 두거나 벽에 걸어 장식했다. 그런데 이렇게 액자를 여러 개 배치할 때는 나름의 원칙이 필요하다. 복잡하게 보이지 않으려면 같은 공간에 두는 액자 색깔을 블랙 또는 화이트 하나로 통일하던가, 아니면 아예 디자인이 강조된 각기 개성 넘치는 액자를 사용해야 하는 것이다. 전자는 공간 전체가 정갈해지는 효과가 있고, 후자는 사진 내용에 관계없이 장식이 강조된 코너로 연출하기에 좋다. 한상선 씨는 거실 베란다 끝의 벽난로 위에 검정색 액자 3개를 놓았고, 침실의 침대 맞은편에는 화이트 액자 코너를 만들었다. 또 서재에는 장식 액자 여러 개를 자유롭게 믹스하고 그 위에 사슴을 붙여 색다른 코너를 연출하기도 했다.

아이들이 있는 집에서도 부담 없이 장식할 수 있는 아이템 중 하나는 빈티지 아트 포스터와 엽서이다. 한상선 씨는 1300K에서 빛바랜 듯한 브라운 컬러의 포장지 소재를 주문해 주방이나 침대 옆 코너 등 너무 허전하다 싶은 코너에 붙여 놓았다. 침대 옆에는 거울과 어느 정도 간격을 두고 2개의 엽서를 붙였고, 주방 테이블 위에는 소녀와 새가 그려진 귀여운 포스터를, 주방 수납장 위에는 각기 다른 패턴의 엽서 4~5개를 조합해 붙여 놓았다.

거실 인터폰이 보기 싫어 그 가장자리로 박스 프레임을 짜 맞추어 건 다음,
빈티지 패브릭으로 가리고 위에는 엽서와 솔방울로 포인트를 주었다.

CATCH AND LEARN!
DECO TIP

1 중심이 아닌 가장자리에 액자 장식하기

거실 벽, 침대 헤드 벽을 벗어나 문 프레임 가장자리, 베란다의 코너 등에 사진을 걸거나 콘솔 위에 액자를 모아 두면 집안의 여백은 살리면서 그림은 더 강조된다. 좁은 집에 특히 유용한 장식 팁이다.

2 엽서는 모아 걸거나 1~2장으로 힘주거나

빈티지 엽서는 그림 자체의 질보다는 분위기가 더 중요하다. 색감이나 패턴이 각기 다른 엽서 3~4장을 간격 없이 붙이면 이국적인 하나의 큰 패턴이 완성되어 새로운 이미지를 선보인다. 공간미를 좀 더 강조하고 싶다면 비대칭으로 딱 1~2장만 장식한다.

3 패브릭 소품을 액자 대용으로

한상선 씨는 독특한 이미지의 쿠션이나 베개를 그대로 활용했지만, 반복되는 패턴의 패브릭을 사용해도 훨씬 복고적인 빈티지 느낌을 강조할 수 있다. 이런 패브릭은 캔버스 액자에 그대로 씌워 콘솔 위에 기대어 놓으면 장식 효과가 크다.

흔히 그림을 가장 많이 거는 장소가 거실의 소파 벽면이나 침실의 침대 헤드 벽면이다. 한상선 씨는 이 공간은 완전히 비워 두되, 쿠션이나 베개를 액자 대용으로 활용했다. 거실 소파와 침대 커버는 모두 화이트 컬러로 골랐다. 벽면도 화이트이다 보니 사람 옆모습 쿠션과 침대 위의 빨간색 하트 베개가 심플하지만 보는 이의 시선을 집중시킨다.

7

프린트 패브릭과
패턴 시트지로
꾸민 공간을
엿보다

그림 소품으로 채운 작은 공간

김지영 서울 용산구 한강로2가 10평대 원룸

집이 협소해서, 그림 사는 것이 부담스러워서 또는 집에 못질하는 것이 마음에 걸려 공간을 그림으로 마음껏 꾸미지 못했던 이들이라면 18평형 오피스텔(실평 9.5평형)에 거주하는 김지영 씨의 집을 눈여겨볼 필요가 있다. 그녀는 '그림=액자 안에 든 작품'이라는 생각의 틀에서 벗어나면 수납장도, 유리창도 캔버스가 될 수 있다고 말한다. 작은 공간에 다양한 그림과 표정을 불어넣은 이 오피스텔은 경제적 규모나 공간의 크기와 관계없이 누구나 충분히 멋지고 아기자기한 공간을 꾸밀 수 있다는 희망을 준다. 그림에서 즐거움을 찾으려는 '마음가짐'과 '아이디어'만 있다면!

Decoration with artful ideas

월 데코 시트지 세트를 원룸의 곳곳에
테마별로 나누어 붙였다.

액자 대신 다양한 그림 패턴을 붙이고 그린 집

김지영 씨의 오피스텔은 현관에 들어서면 오른쪽으로 분리형 주방, 왼쪽으로 화장실, 그 안쪽 공간은 트여 있는 대표적인 원룸 구조다. 그녀는 왼쪽에는 침대와 행거, 오른쪽에는 테이블과 빨간 라운지체어 등 꼭 필요한 가구만 배치해 집을 최대한 넓고 깨끗하게 유지해 오다가, 최근 들어서 그림과 사진으로 소소하게 장식하면서 새롭게 단장했다. 하지만 막상 그림이나 사진을 걸어 장식하려 하니 마땅히 걸어둘 곳이 없었다고. 전월세집 벽에 내키는 대로 못을 박을 수도 없는 노릇에, 협소한 공간에 가구가 들어가 있어 바닥에 여러 개의 액자를 두면 집이 산만해 보일 것은 뻔했다. 게다가 부피 있는 액자를 샀다가는 오히려 집에 짐이 될 것 같아 망설여지기도 했다. 그래서 내린 결론이 못을 사용하지 않아도 되는 무게가 가벼운 소품을 벽에 달고, 책장이나 붙박이 옷장처럼 벽지와 달리 스티커를 붙였다 떼어내도 무방한 공간에는 다양한 시트지를 활용해 보기로 했다.

김지영 씨는 한때 인기 있던 스티커 시트지를 임의로 해체시켜 원하는 곳에 나눠 붙였다. 한쪽 벽 전체를 '전등+선반 2개 세트'로 꾸몄다가는 어딘가 촌스러운 느낌을 주기 때문이다. 라운지체어 뒤의 모던한 액자 옆에는 펜던트 조명 스티커 하나만 포인트로 길게 붙여 주어 모던한 느낌을 잘 살렸고, 주전자가 그려진 선반 스티커는 주방으로 들어가는 코너에 붙여 공간의 역할을 설명하면서 동시에 민자 벽도 장식했다. 또 스티커 액자는 붙박이 옷장 위에 붙이고 그 위에 나무 잎사귀를 고정했더니 재미있는 벽 장식이 되었다. 이 나뭇잎이 시들면 액자 크기에 맞추어 실제 스냅사진을 붙여 볼 예정이란다. 빨간 라운지체어 뒤쪽으로는 의자 디자인에 맞추어 모던한 흑백 사진 액자를 장식했다. 이 액자는 뒤쪽 네 모서리에 접착 스티커가 있고 프레임도 플라스틱이라 못 없이도 어느 벽에나 부담 없이 부착할 수 있는 것이 장점이다. 매끈한 타일이나 붙박이장 등에는 잘 붙지만 실크 벽지에 붙이면 길지 않은 시일 내에 떨어지는 것이 조금 아쉬운 점이라고. 굳이 플라스틱 액자를 구입하고 싶지 않다면 문구 브랜드에서 판매하는 종이 프레임만 구입한 다음, 사진이나 그림을 넣어 양면 스티커로 벽에 붙이는 것도 또 다른 방법이 될 수 있다.

패턴 패브릭을 적절히 활용하다

책상 겸 다이닝 테이블의 벽면에는 그림 대신 패턴이 프린팅된 패브릭을 중심으로 꾸며 색다른 분위기를 자아냈다. 린넨 소재라 가벼워 시침핀이나 옷핀으로도 충분히 고정 가능한 데다 종이와 달리 부드러운 질감이 느껴지는 것도 새로웠기 때문이다. 그녀는 어릴 때부터 추상화나 팝아트 풍의 그림체보다는 차분한 정물화나 부드러운 색감의 우아하고 클래식한 작품들을 좋아했다고 한다. 그래서 이런 느낌을 잘 살려 줄 빛바랜 패브릭, 그중에서 꽃을 테마로 한 패브릭만 모아서 한쪽 벽을 장식했다. 고흐의 해바라기가 프린트된 독특한 패브릭이 유독 눈길을 끌었다.

흰 면, 리넨과의 혼방 등 재질과 색감이 조금씩 다른 플라워 테마의 패브릭을 옷핀으로 벽에 고정하고, 그 사이 사이에 패브릭과 어울릴 만한 분위기의 엽서, 갤러리 브로슈어, 책갈피 등을 함께 붙였다. 이 벽은 집주인이 원한 대로 빈티지하면서도 로맨틱한 느낌이 잘 묻어났고, 핑크 컬러 포인트가 사랑스러움을 더해 주는 듯 했다. 물론, 원목 테이블과 미국의 60년대 빈티지 의자를 연상시키는 1인용 의자와의 매치도 훌륭했다.

침대 쪽 벽면에 독특한 패턴의 빈티지 핑크 비닐 매트를 길게 고정시키고 그 위에 클립으로 각종 엽서나 사진을 끼워 마치 사진 보드처럼 활용했다. 이 핑크 매트(인테리어숍 프랑프랑franfran에서 1롤 단위로 판매)의 실제 용도는 서랍의 바닥에 깔아 두는 수납용 정리 매트라는 것!

"One day
The Metropolitan Museum of Art New York

유리 전용 펜으로 나만의 작품을 그려 보다

이 오피스텔의 창문에는 요시모토 나라의 작품을 따라 그린 심통난 소녀의 그림들로 가득한데, 창문 그 자체가 '모방 아트 작품'인 셈이다. 이 작품들은 해가 지고 밤이 어두워지면 형광색 펜의 라인이 더 선명하게 살아난다. 침대 위 수납장에는 유리 전용 펜으로 큼직한 레터링을 그려 넣었고, 침대 끝에 있는 화이트 전기박스 위에는 앤디 워홀의 수프 캔을 익살맞게 그려 넣어 전기 박스를 액자 프레임처럼 멋지게 활용하기도 했다. 이처럼 다양한 형태로 자신이 좋아하는 예술작품을 집 안에 들이고 또 인테리어에 적극적으로 활용하다 보면, 자신의 취향도 더 잘 파악할 수 있고 동시에 훗날 더 멋진 공간을 제대로 꾸밀 수 있는 내공도 차곡차곡 키우게 될 것이다.

현관 정면에서 보이는 구형 TV를 가리기 위한 캔버스 액자. 그 아래 사진은 패브릭을 옷핀으로 고정해 벽을 장식한 것. 맨 아래 액자는 전기 박스에 유리 전용 펜으로 캠벨수프를 그려 걸어 둔 것이다.

CATCH AND LEARN! DECO TIP

1 테마를 정해 그림 모으기

김지영 씨의 경우에는 패브릭을 붙이되 그 테마를 꽃으로 한정한 경우이지만, 진짜 작품을 구입할 때도 바다가 있는 풍경, 꽃, 하늘, 초상화 등 구체적인 테마를 하나 정해 그에 해당하는 작품만 모으는 것도 재미있는 컬렉팅 방법이다. 작품 자체가 유명하거나 비싸지 않더라도 한 주제로 묶인다는 것 자체만으로 매력적일 것이다.

2 아트 프린트 패브릭 활용하기

고전이 된 유명 화가들의 그림은 패브릭 프린트로 꽤 애용되고 있다. 김지영 씨는 고흐의 해바라기를 패브릭 전문 쇼핑몰 코트니(www.cottony.co.kr)에서 구입했는데 여기서는 고흐의 다른 작품 패브릭도 찾아볼 수 있다.

3 스탠드형 사진 소품

벽에 액자를 붙이지 않고도 사진을 꽂아 장식할 수 있는 행잉 또는 스탠드 형태의 와이어 집게도 부쩍 소품 숍에 많이 나와 있다. 책상 위 사진 스탠드는 모던하우스 제품으로 7천 원대에 구입한 것.

8

Decoration with artful ideas

그림은 인테리어를
완성하는
마지막 손길이다

아트 포스터와 DIY 액자로 연출한 오피스

홍상아 서울 강남구 신사동 20평대 작업실

어린 시절, 누구나 한 번쯤 좋아하는 스타의 브로마이드를 책상이며 침대 옆에 붙여 두었던 경험이 있을 것이다. 스타의 브로마이드는 청소년기를 거치며 멋진 영화 포스터로 대체되기도 하고, 대학생이 되면서 전시회나 멋진 일러스트가 그려진 디자인 포스터로 발전하기도 한다. 이런 시도를 해본 사람이라면 한 걸음 더 나아가 아티스트의 작품을 접근하기 쉽도록 제작한 아트 포스터에 도전해 볼 만하다. 영화 세트 디자이너 출신의 인테리어 디자이너 홍상아 씨는 공간의 시각적 완성도를 높이기 위해 아트 포스터를 즐겨 사용한다. 진중한 예술 작품이라는 부담은 없으면서 뭔가 2% 모자란 듯, 허전한 공간을 강렬한 이미지로 꽉 채워 주는 힘이 있기 때문이다.

영화 포스터처럼 부담 없이 시도하라

우리나라 사람들은 벽에 못을 박는 것을 유난히 싫어한다. 그림 애호가가 아니고서는 인테리어 공사 후 가벼운 아트 포스터나 캐주얼한 그림 걸기를 제안하더라도 대부분 꺼려한다고. 홍상아 씨는 이럴 때 아트 포스터를 테스트용으로 빈 벽에 대어 보고 그림이 있을 때와 없을 때의 차이를 보여 주고는 한다. 물론 그 차이는 확연하다. 아무리 좋은 벽지, 마루 바닥재를 사용하고 멋진 가구를 놓아도 디테일이 약한 집은 세련되어 보이지 않는데, 이런 디테일을 극대화시킬 수 있는 요소가 바로 그림이기 때문이다.

여기서 잠깐 궁금증이 생긴다. 아트 포스터와 아트 상품 액자의 차이점은 무엇일까? 간단히 말하자면 아트 포스터는 예술가의 작품에 작가의 이름을 크게 넣거나 여백을 조정해 좀 더 가볍고 캐주얼하게 디자인한 것이고, 아트 상품 액자는 작가가 그린 작품을 고화질로 프린트해 그대로 액자에 담은, 작품 본연의 모습을 그대로 유지한 그림이다. 그래서 아트 포스터는 그림에 문외한이더라도 영화 포스터처럼 쉽게 고를 수 있고, 어떤 공간이든 조금 더 부담 없이 걸 수 있는 것이다.

PRIVATE LOUNGE
VOILÀ
VINTAGE

무게 중심 잡는 것이 관건이다

아트 포스터를 활용할 때는 가구나 또 다른 액자를 함께 걸어 무게 중심을 잘 잡아야 한다. 디자인이 가벼워 부담이 없다는 것이 장점이지만 잘못 걸면 공간 전체가 저렴해 보이는 치명적인 단점을 드러내기 때문이다. 싱글들의 공간이나 신혼부부의 집에서는 이런 가벼움이 '애교'로 작용하지만, 우아하고 세련된 공간을 꿈꾼다면 포스터의 가벼움을 지긋이 눌러 줄 가구와 매치하거나 다른 액자 2~3개를 함께 걸어 시선을 분산시키는 것이 좋다.

이 디자인 스튜디오에는 인테리어 의뢰인에게 참고가 될 수 있도록 몇 가지 샘플 코너를 꾸며 놓았다. 미니멀한 침대 위에 강렬한 잭슨 폴록의 아트 포스터 액자를 걸고 여기에 서정적 느낌이 강한 연필 스케치 액자를 매치해 그림의 질감과 주제의 대비 효과를 준다거나, 밝고 경쾌한 아트 포스터 3~4개(왼쪽부터 각각 곰이 그려진 유화 포스터, 마크 로스코의 색면 추상화, 피카소의 일러스트 작품이다)를 흰색 테이블 너비에 맞추어 걸고 다양한 디자인 의자를 믹스 매치해 고급스럽게 연출했다. 그 아래에는 컬러 칩을 붙인 컬러풀한 액자를 만들어 걸었다.

추상화를 걸 때는 소품 매치가 중요하다

많은 사람들이 추상화를 주거 공간에 걸면 너무 무겁고 우울할 것이라고 생각하는데, 어떤 소품이나 컬러와 함께 장식하느냐에 따라 더 감각적인 분위기를 풍기기도 한다.

침대 위에 건 강렬한 잭슨 폴록의 추상화가 덜 부담스러운 이유는 전체 가구와 소품의 주된 컬러가 모두 블랙&화이트이며, 패턴과 유사한 담요를 침대 위에 세팅해 공간과 통일감을 만들어 주었기 때문이다. 여기에 직선 라인의 조명으로 시선을 위 아래로 분산시키고, 둥그런 항아리로 부드러운 라인도 더했다.

흰색 테이블 위에 다른 포스터와 함께 건 마크 로스코의 아트 포스터도 마찬가지다. 어두운 심연 속에서도 생동감이 느껴지는 마크 로코스의 추상화를 왼쪽 곰 아트 포스트와 컬러 통일을 시키고, 오른쪽에는 피카소의 새 일러스트를 함께 걸어 공간의 무게감을 덜었다.

IF THIS
IS NOW,
I AM HERE.
IT'S
NOT
OK.

다양한 소재를 이용해 액자를 만들다

이 스튜디오의 콘솔 위에는 독특한 대형 액자가 놓여 있다. 잡지에서 스크랩한 이미지와 각종 엽서를 붙이고 오려 만든 일종의 이미지 보드라고 할까. 새벽녘을 연상시키는 푸른 컬러, 그리고 동식물을 몽환적으로 포착한 이미지들만 모아 모자이크처럼 화이트 프레임에 붙인 것으로, 엽서를 벽에 바로 붙이면 소박하고 빈티지한 느낌이 강하지만 프레임에 한데 모아 놓으면 미니멀한 분위기로 연출할 수 있다. 굳이 액자를 맞추지 않고 집에 있는 트레이를 세워 활용해도 좋다.

또 낡은 액자 프레임이 있다면 와이어를 한 줄로 액자에 고정시켜 엽서 몇 장을 나무집게로 고정해도 멋지다. 일단 유리가 없기 때문에 그 무게가 가벼워 접착 고리를 활용해서도 쉽게 문이나 현관 등에 걸어 둘 수 있고, 캐주얼하게 창문틀이나 책상 위에 기대어 장식하기도 만만하다.

아트 포스터나 이미지 보드 액자 외에도 이 스튜디오에는 아이디어 넘치는 재밌는 액자 장식이 꽤 눈에 띈다. 한쪽에 책장을 파티션처럼 세워 두어 뒤쪽을 사무실 공간으로 사용하는데, 책장 뒷면에 실버 다공판을 덧댄 뒤 각종 시안이나 그림을 붙여 비주얼 보드로 사용 중이다. 일반 집에서는 아이 방 벽이나 책장 뒷면에 다공판을 붙여 아이가 그린 그림을 자유롭게 배치해도 재미있을 듯하다. 그 외에도 책장 선반 위에는 작은 나무판에 그려진 그림 액자가 받침대 위에 장식되어 있다. 화방이나 대형 문구점에서 이런 작은 사이즈의 나무판을 쉽게 구입해 그 위에 심플한 그림을 그리거나 아이 그림을 오려 붙여도 키치한 분위기를 풍기는 DIY 액자를 만들 수 있다.

홍상아 씨는 푸른 나무가 보이는 커다란 창을 대형 액자 프레임처럼, 보드판이나 액자처럼 자유자재로 활용한다. 일단 유리 전용 펜으로 그 달의 캘린더를 그려 넣고 한 달의 스케줄을 직원들과 함께 공유한다. 나머지 공간에는 일에 참고가 될 만한 인테리어 화보나 벽지 샘플, 그리고 심플한 일러스트들을 붙여 두고 지속적으로 들여다 보며 아이디어를 얻기도 한다. 이렇게 얻어진 아이디어들은 인테리어 작업에 반영되는데 이렇게 그림을 활용한 다른 작업들을 인테리어 사무실 바오미다(www.bao-mida.com)의 웹사이트에서 찾아볼 수 있다.

CATCH AND LEARN!
DECO TIP

1 그림 속의 컬러나 패턴과 유사한 소품을 배치

잭슨 폴락의 아트 포스터 패턴과 비슷한 담요를 침대 위에 매치해 인테리어 효과를 높인 것처럼, 걸고 싶은 그림과 유사한 디자인이나 컬러의 소품을 배치하면 그림과 공간에 통일감을 줄 수 있다.

2 엽서를 한 프레임 안에 모아 붙여라

20평대 이상의 집이라면 엽서를 벽에 그냥 붙이는 것보다 화이트보드나 나무판 등에 모아 붙여야 인테리어 효과가 더 뛰어나다.

3 유리 없는 액자를 적극 활용한다

사진이나 그림을 꼭 유리 있는 액자에 넣어 둘 필요는 없다. 트레이, 또는 오래되어 쓰지 않는 액자의 프레임만 잘 활용해도 개성 넘치는 액자가 될 수 있다. 특히 부딪히거나 떨어뜨려도 깨질 염려가 없어, 아이 있는 집에 특히 유용하다.

you.
Sunday
Monday
Thuesday
Wednesday
Thursday
Friday
Saturday

PART2

MATCHING BALANCE BETWEEN ARTWORKS AND SPACE

공간에 그림을 조화롭게 거는 법

오랜 시간 정성스럽게 한 점 두 점 모아 둔 미술 작품을
조금 더 조화롭게 걸고 싶다면?
여기 소개하는, 각기 다른 콘셉트로 그림을 한층 부각시켜
단장한 일곱 집이 그 해답이 될 수 있다.
그림에 초점을 맞춰 인테리어 공사를 한 집부터,
원하는 집 분위기로 꾸민 뒤 그에 어울리게 하나하나 그림을 건 집까지,
그림과 인테리어를 모두 살리는 그림이 있는 공간 꾸밈을 제안한다.

PART 2

MATCHING BALANCE BETWEEN ARTWORKS AND SPACE

1

간접 조명으로
편안하게
그림을 감상하다

그림 위주로 재배치한 신혼집

김용민·김영옥 부부 서울 성동구 금호동 30평대 아파트

비가 추적추적 내리는 날, 촬영을 위해 찾은 신혼부부의 집에는 잔잔한 팝송이 흘러나오고 있었다. 팝송이 멋진 배경 음악이 되는 동안 창밖으로는 유유히 흐르는 한강이, 우아하고 정갈하게 꾸며진 거실에는 다양한 장르의 미술 작품들이 보는 이의 눈을 즐겁게 했다. 소파에 푹 기대어 앉아 커피를 마시면서 그림과 음악을 감상하며 하루를 보내고 싶은 집. 저자가 느꼈던 바로 이런 편안하면서도 우아한 분위기는 집 주인인 신혼부부가 인테리어 디자이너에게 요청했던 콘셉트였다. 이런 부부의 바람대로 그림을 돋보여 주는 따뜻하고 옅은 그레이 컬러 신혼집이 완성되었다.

Matching balance between artworks and space

그림과 창밖 풍경을 함께 감상하는 집

본인의 취향이 확고하게 있는 집주인의 인테리어를 맡는 것은 인테리어 디자이너로서도 흥미롭고 만족스러운 작업이라고 한다. 집은 거주하는 사람의 라이프스타일이 잘 반영될 때 더욱 빛나기 때문이다. 인테리어 디자이너 고선예 씨는 이 집의 시공을 의뢰받았을 때 베란다 밖으로 보이는 한강의 전망과 부부가 가진 그림을 최대한 부각시키기로 정하고 젊은 부부의 적극적인 제안도 다양하게 반영하여 작업에 착수했다.

"부부는 모던하지만 차갑지 않은 실용적인 집을 원했어요. 바깥 풍경과 그림을 최대한 살리되 내추럴한 멋을 강조하기로 했죠. 공간이 넓어 보이면서 따뜻하고 세련된 느낌이 들도록 거실 벽지를 옅은 회색으로 골랐는데, 중성적인 벽지 컬러 덕분에 액자 프레임이 강조되고 그림도 더 편안하게 다가옵니다."

간접 조명으로 은은하게 집 전체 무드를 조절한 것도 상업 갤러리처럼 그림만 강조하기보다는 주거 공간으로써의 장식 효과를 먼저 생각했기 때문이다.

신혼집을 꾸미며 처음으로 그림의 힘을 깨닫다

주인 부부는 처음부터 그림에 관심이 많았던 것은 아니라고 했다. 미술 애호가 부모님 밑에서 자란 남편 김용민 씨가 결혼과 동시에 부모님께 그림 몇 점을 선물로 받게 되었고 그러면서 자연스럽게 그들의 신혼집에 어떻게 그림을 걸지에 대한 고민이 시작되었다.

"어린 시절부터 늘 그림을 보면서 자라긴 했지만 제가 신혼집을 꾸며 보기 전까지는 미술 작품에 크게 관심은 없었습니다. 그런데 이곳에 걸기 시작하면서 그림이 집 분위기를 바꾸는데 얼마나 큰 역할을 하는지도 알게 되었고 누구의 작품이 어느 공간에 어울리는지도 고민하게 되더라고요."

거실 벽과 주방 벽에는 갤러리 레일을 매립하고 원할 때마다 그림 위치를 이동하거나 추가로 더 걸 수 있도록 했다. 침실 쪽 베란다로 통하는 문은 아예 손잡이 없는 미닫이로 제작하고 벽지와 같은 회색을 도색하여 그림 액자의 옅은 배경이 되게 만들었다. 거실에 사용한 색 중 유독 베란다의 새시만 검은색이라서 바깥의 강 풍경을 감싸 안은 거대한 프레임같이 느껴졌다. 이 프레임이야말로 이 집 거실에 들어섰을 때 가장 먼저 만나게 되는 자연을 담은 액자이다.

추상적인 섬유 작품과 서정적인 삽화를 함께 걸다

소파 위쪽으로 컬러풀한 방사형 패턴의 그림 두 점이 눈길을 끈다. 옅은 회색의 벽지와 잘 어우러진 적절한 리듬감까지 부여하고 있다. 추상화인데 전혀 부담스럽지 않다 했더니 회화가 아니라 홀치기 염색 기법으로 연출된 섬유 작품이라고 한다. 소마미술관 명예관장이기도 한 이성순 작가의 작품으로, 섬유에 은은하게 스며든 색감은 묘한 카리스마가 느껴지면서도 부드러움까지 잘 전달하고 있다. 추상화가 좀 더 현대적이고 차갑다면 염색을 활용한 섬유 작품은 따스하고 여성스러운 느낌이 묻어난다고 할까. 그래서 일반 집에도 부담 없이 걸 수 있는 예술 장르로 꼽히기도 한다.

소파에 앉았더니 눈앞에 꽃과 새와 달과 나무를 주제로 한 변정하 작가의 기분 좋은 삽화가 눈에 들어온다. 혹자는 그림을 TV와 같은 선상에 두는 것은 작품에 대한 예의가 아니며 집중도를 떨어뜨린다고도 말한다. 하지만 TV를 껐을 때 자연히 시선이 가게 되는 곳이므로 실용적으로는 그림 마주하기에 좋은 위치가 아닌가 싶다. 특히 신혼의 풋풋함, 설레임과 잘 맞아 떨어지는 소박하고 밝은 작품이라면 더욱 그렇다. 이렇게 거실에는 우아하지만 힘 있는 추상 섬유작품, 탁 트인 한강 풍경, 그리고 정겨운 꽃그림 삽화가 서로를 보듬고 있다.

주목하고 싶은 작품은 스폿 조명을 사용한다

현관 정면 복도 끝에는 세계적인 한국 작가 서도호의 작품 〈My Contry〉가 그 위용을 뽐내며 걸려 있다. 손톱보다 작은 사람의 수많은 얼굴이 하나의 거대한 집 형태를 이루는 이 작품은 집 안의 다른 그림들보다 전하고자 하는 메시지가 훨씬 더 강렬하다. 그래서 다른 작품들에서 멀찌감치 떨어뜨려 콘솔형 수납장 위에 단독으로 걸어 연출하고 유일하게 스폿 조명까지 설치했다. 콘솔장에는 세로 라인을 넣어 경직된 분위기를 캐주얼하게 만들고 싱그러운 초록 다육 식물로 작품 속 심각한 분위기도 적절하게 조절했다.

프레임과 가구, 소품의 소재를 맞추다

침실은 부부만의 포근한 공간인 만큼 로맨틱하면서도 화사한 분위기를 원했다. 그때 한눈에 쏙 들어와 구입한 작품이 김점선 작가의 꿈꾸는 듯한 〈보라색 말〉이다. 천진난만하게 웃는 말이 마치 부부의 앞날을 응원해 주는 듯 했고 이렇게 밝은 날만 펼쳐졌으면 하는 기대를 담아 침대 옆에 낮게 걸었다. 침대 헤드 윗부분과 액자의 아래 프레임 선을 맞춰 다른 사이드 테이블과 비대칭으로 낮게 달은 것도 그림에 시선을 더 가도록 하기 위해서다. 침대 발치에 있는 화장대의 거울도 그림의 색과 통일시켜 보라색 프레임 액자 형태로 맞추었다. 주방의 유화 역시 보라색과 초록색이 섞인 색감을 보고 골라 달았고, 소파 위 홀치기 섬유 작품도 은은한 보라색을 띄고 있는 작품이라 전체적으로 분위기가 하나로 세련되게 모아지는 효과가 있다.

이 집에는 다양한 테마의 그림들이 아크릴, 우드, 화이트 등 여러 컬러와 소재의 액자에 걸려 있다. 이럴 때 프레임과 같은 소재의 소품이나 가구를 함께 배치하는 것도 통일감을 주는 방법이다. 매끈하고 세련된 원목가구로 꾸며진 서재에 옹달샘 같은 원목 프레임 판화를 매치한 것도 같은 맥락. 일을 하고 책을 보다 답답해지면 판화 속 옹달샘에서 쉬었다 가라는 주인의 센스도 담겨 있는 듯하다. 침실 드레스 룸 쪽의 아크릴 액자 주변에는 크리스털 장식품들을 여러 개 매치해 투명한 느낌을 배가시켰다.

신혼집 단장을 마무리하면서 부부는 그림에 대한 생각이 달라졌다. 이제 막 새 삶을 시작한 그들처럼 그림도 아직은 설익은 시선으로 바라보지만, 더 돈독해질 부부 사이처럼 앞으로는 더 깊이 작품을 감상하고 또 그 작품에서 위로 받을 수 있지 않을까. 자신의 첫 신혼집에 큰 정을 느끼는 이들의 모습을 보니 부부의 부모님이 그러했듯이, 훗날 아이들에게 그림과 함께 더불어 살아가는 기쁨을 알려 줄 그들의 모습이 슬며시 그려진다.

인테리어 시공&디자인 · 고선예 (blog.naver.com/sunye10)

원목가구와 어울리는 원목 프레임 액자로 단장한 서재.

1 김점선 작가의 작품을 침대 헤드 상단에 라인을 맞추어 낮게 달아 세련되고 아늑한 느낌을 준다.
2 침실 파우더 룸에는 아크릴 액자와 크리스탈 소품을 매치했다.
3 깔끔한 주방 가구에 맞춰 화이트 프레임 액자로 꾸민 주방.

FAVORITE ARTWORKS

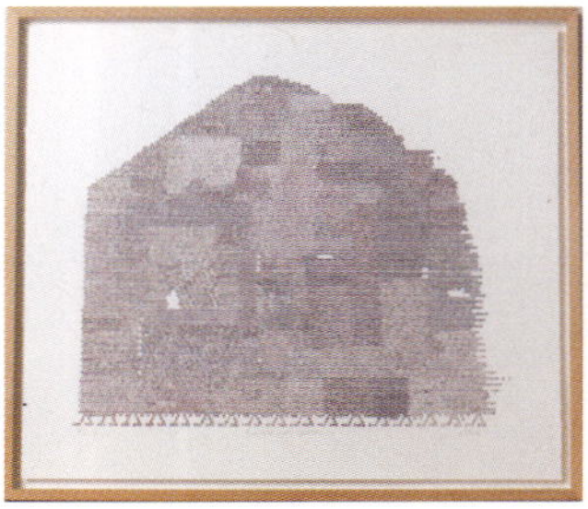

서도호, My Country

변정하, 꽃과 새와 달과 나무

김점선, 보라색 말

CATCH AND LEARN! DECO TIP

1 중성적인 컬러 벽지가 그림을 살린다

화이트 배경에 그림을 걸면 눈에 확 들어오긴 하지만 너무 캐주얼해 보여 무게감이 없거나, 가구나 소품이 훌륭하지 않으면 오히려 그림이 둥둥 떠 보일 수 있다. 소위 중성적인 컬러에 속하는 옅은 회색, 옅은 베이지색, 옅은 올리브 그린 색은 무난하면서도 그림을 부각시키는 기본색으로 통하니 적절히 활용해 볼 것.

2 액자를 달 때 주변 가구를 기준으로 높이를 맞춘다

액자의 위치를 정하지 못했다면 옆의 가구나 소품 크기와 대응하거나 비례해 걸면 쉽다. 이 부부의 경우, 침대 헤드 윗선과 액자 프레임의 아랫선을 맞추어 그림을 걸고, 주방에는 스위치 아래선과 액자 프레임 아래선을 맞추어 달았다. 소파 위의 액자 역시 대형 TV와 비슷한 위치에 맞추어 걸었다.

3 추상화와 서정적인 유화 또는 삽화를 적절히 믹스한다

추상화가 너무 많은 집은 차가워 보이고, 부드러운 수채화나 유화만 있는 집은 때로는 유치하고 전하고자 하는 메시지가 없어 보인다. 상반된 두 분위기의 그림을 적당히 섞어 연출하는 것이 포인트.

Matching balance between artworks and space

적절한 소품으로 그림의 이해도를 높이다

다양한 장르의 그림을 매칭한 아파트

이정민 경기 성남 분당구 정자동 30평대 아파트

지금이야 흰색을 배경으로 간결한 테이블과 디자이너 체어, 소품을 적절하게 매치한 모던 클래식 스타일을 흔히 볼 수 있지만, 5~6년 전 처음 이정민 씨의 집을 방문했을 때만 해도 강렬한 벽지 패턴과 화려한 타일 자재 등이 유행하던 때라 이 스타일은 잔잔한 반향을 불러 일으켰다. 몇 년의 시간이 지난 지금, 다시 찾은 그녀의 집은 특유의 차분하고 세련된 분위기는 여전했으나 여백으로 남겨두었던 공간에는 팝아트, 사진 작품, 동양화와 아이의 그림이 하나씩 채워져 예전보다 훨씬 생기가 돌았다. 에디터 출신으로 인테리어 디자이너를 거쳐 안착한 가구 회사의 디렉터답게 그림의 분위기를 소품과 곁들여 표현하는 솜씨가 돋보였는데, 그림 코너를 감상하면서 얻을 수 있는 흥미로운 데코 아이디어도 많았다.

팝아트 포스터와 원색 컬러로 공간에 힘을 주다

그림을 집에 걸 때 주변을 깨끗하게 정리해 그림의 이미지만 강조하는 방법이 있고, 소품을 적절히 매치해 공간 자체를 넓게 연출하는 방법이 있다. 이정민 씨는 후자의 방법으로 자신의 34평 아파트를 공간마다 조금씩 다른 콘셉트로 꾸며 놓아 쉽게 그림에 다가갈 수 있도록 했다.

거실에는 만화를 미술로 승화시킨 로이 리히텐슈타인과 팝아트의 아이콘 앤디 워홀의 아트 포스터 두 점을 나란히 걸며 그림 장식의 포문을 열었다. 팝아트는 대중매체를 통해 많이 노출된 이미지여서 그림에 문외한인 이들에게도 친숙하고 컬러감도 뛰어난 것이 장점이다. 그래서 거실에 걸면 손님들의 흥미를 불러일으키기에 좋고, 밝고 경쾌한 컬러 덕에 밋밋한 공간에 확실한 포인트도 된다.

"여행 중 미술관에서 10~20달러에 구입했던 아트 포스터예요. 돌돌 말아 어딘가에 꽂아 놓고 한참을 잊고 있다가 얼마 전 발견하고는 깔끔한 느낌이 들도록 아크릴 액자로 맞췄지요."

그림 속의 노란색, 빨간색 컬러에 맞춰 또 다른 대표 원색인 그린 스트라이프 쿠션으로 캐주얼한 팝 아트 분위기를 한껏 강조했다.

GRRRRRRRRRRR!!
Roy Lichtenstein
Campbell's
TOMATO
SOUP

소품을 적절히 사용해야 그림이 어색하지 않다

현관이나 방과 방 사이에 콘솔 대신 컬러풀한 1인용 디자인 체어를 두면 의자의 라인과 색감이 더해져 모던한 분위기가 연출된다. 이정민 씨는 침실 앞 공간에 실버 에펠탑 다리를 가진 빨간 임스 체어와 실버 액자에 담긴 레드 컬러의 그래픽적인 작품을 함께 매치했다. '레드+실버'라는 공통점으로 그림과 소품을 한데 묶은 코너다. 반면에 현관과 작은 방 사이에는 조남룡 작가의 흑백 하늘 작품을 자연스럽게 바닥에 내려 두고 그 앞에 충분한 공간을 두고 보라색 아크릴 스툴을 매치해 흑백 사진에서 풍기는 신비한 여운을 강조했다.

이 집에서 유일하게 전혀 다른 분위기를 띄는 공간이 바로 침실이다. 연한 세이지 컬러 벽지와 베이지색 카펫, 프레임을 없앤 매트리스형 침대는 차분하면도 동양적인 분위기를 풍긴다. 이런 분위기에 맞춰 작은 소반과 갈대 그리고 어머니께 물려받은 산정 서세옥 화백의 동양화를 벽 모서리를 중심으로 ㄱ자로 연출했다.

"동양화를 잘 못 두면 방 자체가 진부해 보일 수도 있는데, 가운데가 동그랗게 뚫린 원형 매트 액자가 이 진부함을 좀 더 경쾌하게 만들어 주는 듯해요."

침실과 함께 컬러 벽지를 바른 또 다른 공간은 아이 방이다. 보통 원색 액자를 쓰는 경우가 많지만 밝은 블루 그레이 컬러를 택해 유럽 스타일로 세련된 느낌을 강조했다.

"아이의 그림을 보면 간혹 놀라운 작품이 있잖아요. 그중에서도 만들기, 에칭, 드로잉 등 수업 시간에 다양한 기법으로 그린 그림을 매트 액자에 넣어 걸어 보았어요. 밑줄을 맞추어 달되 하나 정도는 액자의 높이를 달리 해야 심심하지 않아요."

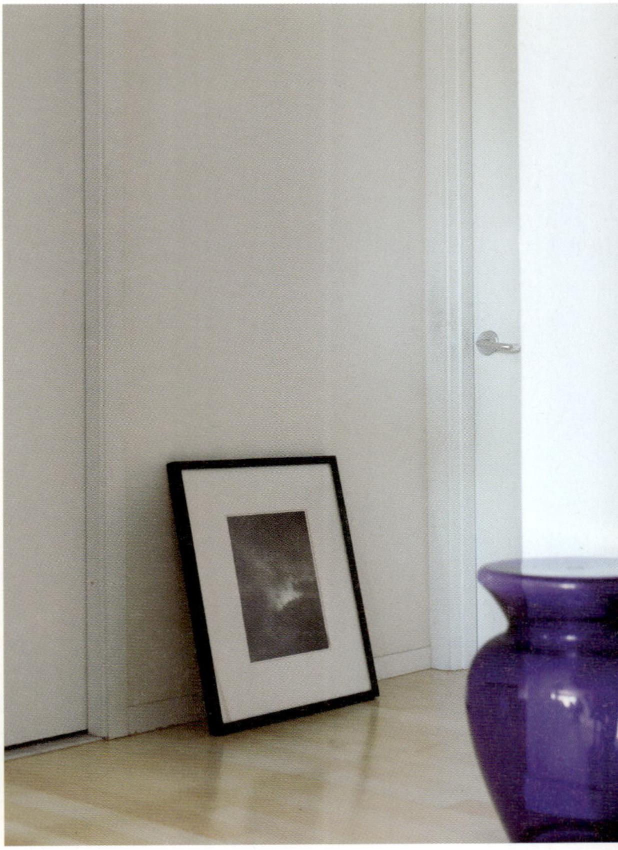

샹들리에와 샹들리에 모티브 그림을 나란히 걸다

원목 테이블과 세븐 체어, 그리고 심플한 블랙 샹들리에로 장식된 다이닝 룸에는 인테리어에 맞춰 샹들리에 모티브의 그림을 장식했다.

"3년 전 우연히 들른 아트 페어 '아시아프'에서 발견한 송호은 작가의 작품이에요. 당시 한국예술종합대학원을 다니던 신진 작가였는데 보자마자 제가 가진 샹들리에와 그림을 나란히 달면 너무 재밌겠다 싶어 조명에 맞추어 그림을 구입한 셈이죠."

각기 다른 디자인의 샹들리에가 그려진 원목 액자를 갤러리 레일에 나란히 매달았는데, 액자의 원목 프레임과 원목 테이블도 멋진 조화를 이루지만 가운데 샹들리에를 기준으로 주방 왼쪽에는 샹들리에 그림이, 오른쪽에는 거울에 비친 샹들리에와 그림을 동시에 감상할 수 있는 색다른 코너가 연출되었다.

"이 작품을 구입하고 얼마 동안 작가가 자신의 전시회 소식을 이메일로 전해 주어서 몇 번 관람하러 갔었어요. 제가 구입한 신진 작가의 작품이 어떻게 발전하는지, 작가는 또 어떻게 성장하는지 지켜보는 것도 신진 작가의 그림이 가지는 매력 요소 중 하나더군요."

아이방 침대 벽면에는 아이가 그린 그림을 액자에 넣어
밑선을 나란히 맞추어 걸었다.

FAVORITE ARTWORKS

조남룡, 하늘

송호은, 샹들리에

산성 서세옥, 소와 아이

CATCH AND LEARN! DECO TIP

1 액자와 소품의 소재를 맞춘다

샹들리에 원목 액자는 원목 테이블과, 거실의 아크릴 액자는 아크릴 스툴과, 방과 방 사이의 실버 액자는 실버 다리의 스툴과 매치해 통일감있게 마무리했다.

2 나란히 거는 방법도 여러 가지다

거실은 크기가 다른 그림을 액자 중심점을 낮추어 나란히 달아 강약을 주었고, 다이닝룸은 똑같은 크기와 주제의 액자를 걸어 샹들리에 테마의 연속성을 강조했다. 아이 방에는 하단을 맞춰 달아 단정하면서도 경쾌한 느낌으로 연출했다.

3 다양한 모양의 매트 액자를 활용하자

액자 프레임 안쪽에 덧대는 굵은 띠를 매트라고 한다. 일반적으로 사각 매트가 대부분이나 동양화를 감싼 매트처럼 원형 또는 타원형 매트를 두루 다양한 그림에 활용하면 개성 있게 연출할 수 있다.

Matching balance between artworks and space

3

대형 그림을
전시한 빼어난
순백의 공간

가벽과 레일을 설치한 갤러리 하우스

남기령 서울 중구 신당동 30평대 아파트

이 집의 현관을 지나 벽을 끼고 돌면 탁 트인 흰색 공간이 눈부시게 펼쳐진다. 다른 여느 30평대 아파트라면 당연히 거실이 있어야 할 자리에 소파, TV 그리고 장식장도 보이지 않는 예상치 못한 광경에 처음 방문한 손님들은 다들 놀라고는 한다. 큰 테이블과 디자이너의 의자를 둘러싸고 인상적인 미술작품들이 제각각의 위용을 뽐내는 거실. 이곳은 로얄 코펜하겐 대표인 남기령 씨가 '집에 나만의 갤러리를 들이고 싶다'는 꿈을 과감하게 실현시킨 공간이다. 지인들을 초대해 이야기 나누기를 좋아하는 라이프스타일에 초점을 맞추어 생활적인 공간과 취미를 향유하는 공간을 철저히 분리해 꾸민 집이다. 그림을 수집하는 데서 그치지 않고 직접 사진을 찍고 민화도 그리는 예술 애호가인 그녀에게 이곳만큼 이상적인 보금자리도 없을 것 같다.

현관 복도

침실

거실에 가벽을 세워 그림을 걸다

거실은 집에서 가장 넓은 면적의 공간이다. 책을 사랑하는 사람은 이곳을 서재로 꾸미기도 하고, 아이가 있는 집은 놀이방 겸 공부방으로 활용하기도 한다. 또 그림을 좋아하는 사람은 거실 가득 그림을 걸어 언제나 눈길을 주고 싶을 것이다. 그러나 거실은 집 구조와 소파나 테이블 등의 덩치 큰 가구, 벽의 여백 등 고려할 사항이 많아 그림 걸기가 쉽지 않다. 그런데 만약 처음부터 모든 인테리어의 기준을 '그림'에 맞춘다면 과연 어떤 집이 탄생할까? 그림을 제대로 감상하기 위해 거실을 온전히 갤러리 공간으로 내어 준 이 집이 그 해답을 보여 준다.

남기령 씨는 '홈 갤러리'를 상업 갤러리처럼 차갑지 않게, 그러나 그림은 최대한 돋보이게 꾸미기를 원했다. 그러기 위해서 첫째, 바닥은 내추럴한 원목을, 벽은 깨끗하지만 미세하게 따뜻한 느낌을 주는 화이트 컬러를 골랐다. 둘째, 일반적인 아파트라면 주방 쪽과 베란다 쪽을 제외하고 두 개의 벽면 밖에 활용할 수 없으므로, 갤러리 느낌을 강조하고 그림 걸 벽을 한 면 더 확보하기 위해 현관 복도와 거실 사이에 가벽을 세

웠다(이 가벽은 주방과 거실을 적절하게 분리하는 역할도 훌륭히 해내고 있다). 셋째, 간결한 디자인의 테이블과 디자이너 가구를 엄선해 조형미를 가미했으며, 마지막으로 샹들리에나 거실 중앙 등을 없애고 벽면을 따라 매립등과 갤러리 레일을 설치해 '그림 감상'의 목적에 더욱 충실한 공간을 완성했다.

거실에 대형 작품으로 힘을 주었다면, 각 방에는 그 공간에 어울리는 그림 액자로 때로는 차분하게, 때로는 활기차게 분위기를 전환시켰다. 현관 정면에 놓인 황규백 작가의 정감 어린 판화는 손님에게 잘 왔다며 손을 내미는 듯하다. 또한 침실에는 침대 헤드 위에 무지주 선반을 달아 흑백 판화와 사진, 그리고 로얄 코펜하겐의 화이트 피규어를 적절히 매치해 우아하면서도 모던한 분위기를 잘 표현했다. 침실 화장실에는 최은경 작가의 작품 '수채 구멍'을 걸어 배출의 장소인 화장실의 기능을 우회적으로 재치 있게 표현했다. 그런가 하면 주방에는 그녀가 직접 그린 민화를 나무 도마에 붙여 모던한 공간에 동양적인 색채를 가미했다.

한 벽에 한 작품씩, 컨템퍼러리 아트를 감상하는 즐거움

홈 갤러리로써의 기본 틀이 잘 잡힌 거실에는 남기령 씨가 좋아하는 '자기 색깔이 확실한 컨템퍼러리 아트' 석 점이 걸려 있다.

"아크릴과 자개로 작업한 노란색 바탕의 여인은 이용한·김일중 작가의 〈Fragment〉시리즈예요. 처음에는 같은 작가의 다른 그림을 구입하려 했는데 그림 속 여인의 눈이 정면을 바라보는 것이 부담스러워 먼 곳을 응시하는 이 작품을 골랐어요. 전통 자개를 현대적인 방식으로 표현한 것이 참 독특하죠? 조명을 받으면 자개가 반짝거리면서 또 다른 모습을 드러냅니다."

그 옆의 검정색 가로 프레임의 작품은 김세한 작가의 〈Dot City〉로, 얼핏 보면 야경을 촬영한 사진 같지만 자세히 보면 불빛 하나하나를 점찍어 표현한 '점묘화'다. 이 작품은 베란다 창과 대응하는 벽에 걸어 거실 양쪽으로 세상에서 가장 멋진 야경을 즐길 수 있도록 했다. 노란 여인의 얼굴 맞은편에는 동양화가 이유진의 〈하마〉시리즈 두 점이 연속해 걸려 있는데, 색감과 구도가 차분해 일반 동양화 같지만 신기하게도 그림 속 여인들은 말 대신 하마를 타고 있어 보는 동안 슬며시 미소를 짓게 한다.

"하마는 아프리카에 사는 위협적인 동물 중 하나이고 한국에는 없던 동물인데 한복 입은 여인네들은 이 하마를 부리고 있어요. 그 자체가 굉장히 초현실적이죠."

설명을 듣다 보니 그림 하나하나가 이리 흥미로울 수가 없었다. 이 거실 테이블에서 그녀는 항상 그림 이야기를 두런두런 나누며 손님을 또 다른 미술의 세계로 이끌었을 것이다.

공간을 파악한 다음 그에 맞는 그림을 걸다

대형 그림은 일단 크기가 부담스럽고 통째로는 함께 걸 그림과 조화를 이루기 힘들 것 같아 선뜻 고르기가 쉽지 않다.

"저는 저희 집 거실 벽면 크기를 잘 알고 있어요. 그림 크기가 이 정도면 벽에 걸면 어느 정도의 비율로 여백이 남겠다는 게 그려집니다. 한 벽면이 꽤 넓고 마주 보는 벽 사이에도 간격이 충분해 다른 스타일의 작품을 걸어도 이미지가 부딪히지 않아요."

그림을 걸 위치의 높이와 너비를 미리 파악하고 그림 살 때도 줄자를 갖고 다니면 크기 가늠하느라 고민할 일은 없다는 말이다. 또한 집 구조에 맞게 그림을 거는 것도 중요하다. 야경 점묘화를 서울의 야경이 내려다보이는 베란다 창과 대응되게 걸어 둔 것, 가벽의 복도 쪽 벽에 숲 속 사진을 걸어 놓고 거실로 들어오면 바깥의 숲을 바라보게 연출한 것도 집 구조를 활용해 작품의 이미지를 극대화시킨 좋은 예라 하겠다.

인테리어 시공&디자인 · 이정민

베란다 창가와 마주보는 벽면에는 야경을 그린 김세환 작가의 작품을 걸었다. 현관 쪽 가벽에는 여백을 살린 사진 액자를 걸어 주목도를 높였다.

CATCH AND LEARN! DECO TIP

1 갤러리 레일 활용하기

갤러리 레일 설치에 관해서는 사람마다 호불호가 갈리는 편이다. 그러나 종종 작품을 바꿔 달기를 원한다면 그림 크기에 따라 못을 다시 박는 것보다 갤러리 레일에 줄을 달아 위치나 높이를 조절하는 게 좋다.

2 무지주 선반에 그림 장식하기

무지주 선반은 그 자체가 선명한 라인을 이루기 때문에 모던한 공간에서 그림과 만날 때 더 빛을 발한다. 침대 헤드 위쪽이나 거실, 서재에 설치하면 다양한 오브제와 함께 그림을 매치할 수 있다.

3 창밖 풍경과 그림 테마 연결 짓기

베란다 야경과 마주 보도록 야경 그림을 걸고, 푸릇푸릇한 나무 사진 너머로 바깥의 울창한 숲이 보이게 거는 등 창문 밖의 풍경도 그림을 거는 또 하나의 장치로 활용한다.

4

미니멀한 오피스에
그림으로
쉼표를 찍다

작품과 아트 포스터로 꾸민 사무실

정은주 서울 강남구 역삼동 20평대 오피스텔

역삼동 빌딩숲 한가운데 우뚝 선 오피스텔. 또각또각 구두 소리만 울려 퍼지는 무미건조한 회색 복도를 지나 한 사무실 앞에 섰다. 그리고 사무실의 문을 열었더니 마치 외국 잡지에서 튀어나온 듯, 짙은 채도의 색감과 미니멀한 가구로 단장한 '반전 오피스'가 눈앞에 펼쳐졌다. 성냥갑 같은 사무실 사이에서 이 공간이 오아시스처럼 유독 반짝 빛나는 이유는 오랜 안목으로 고른 미술 작품이 세련된 디자인 가구들과 잘 어우러졌기 때문이리라. 특히 질감이 돋보이는 회색 벽지와 밝은 보라색 블라인드의 컬러 대비는 미술 작품과 흑백 아트 포스터를 더욱 돋보이게 한다. 능률적으로 일 하기 위해서는 효과적인 휴식이 필요한 법. 그런 의미에서 이 사무실에 걸린 작품들은 사람들의 정신적 재충전을 돕는 쉼표의 역할을 묵묵히 수행하고 있는 셈이다.

정은주 씨는 잡지에서 활동하던 1세대 인테리어 스타일리스트 출신 디자이너이다. 주로 디자인 컨설팅을 담당하는 그녀가 미술 작품에 본격적으로 관심을 가진 것은 약 5년 전부터다.

"제 스스로 미술 컬렉팅에 관심이 생기기 시작한 것도 있고, 언젠가부터 미술 작품 컨설팅을 같이 의뢰하는 클라이언트들도 늘어나기 시작했어요. 미술관이나 갤러리에서 하는 컬렉터 강의를 듣기도 하고, 그림 경매나 각종 미술 페어도 빼놓지 않고 다니면서 많이 보고 접하려고 하죠."

실제로 몇 번 그녀는 만나 동안 "내일 옥션에서 흥미로운 경매 전시가 있으니 가 봐요" 라던가 "요즘에 00페어는 작년보다 작품이 별로라네요"라는 등 이런저런 동향을 알려 주기도 했다. 이렇게 몇 년 동안 차곡차곡 쌓인 노하우로 그녀는 이제 어떤 작가의 작품이 무난하게 집에 어울리는지, 공간에 어떻게 적용해야 덜 부담스러운지 등을 파악하게 되었고, 사무실에도 그 노하우를 적용했다.

Matching balance between
artworks and space

아트포스터와 작품을 적절히 걸어 시선을 끈다

사무실에 걸린 작품 석 점은 흑백 아트 포스터로, 텍스처가 잘 살아 있는 회색 벽지와 아주 잘 조화를 이루어 차분하고 모던한 분위기를 극대화시키고 있다. 그리고 두점은 도드라지는 색감의 작품을 걸어 시선이 더 머무르도록 의도했다(두 작품 모두 문화랑에서 구입했다).

정은주 씨는 좁은 공간일수록 작가의 작품을 많이 걸어 그림에 압도당하는 것보다 작가 작품과 아트 포스터를 잘 믹스해 공간에 강약을 주는 것이 중요하다고 조언한다. 현관 왼쪽에 걸려 있는 청록색 바탕의 토르소는 주목받고 있는 윤병운 작가(www.yoonbyungwoon.com)의 작품이다. 초현실적 분위기에 낭만적인 색채가 깃든 그의 회화는 휴식이 필요한 정적인 공간에 무척 잘 어울린다. 원목 테이블 맞은편에는 돼지가 호수에 비친 자신의 모습을 들여다보는 그림인 〈보름달 정원〉을 걸어 두었다. 안윤모 작가(blog.naver.com/aymart)의 작품으로, 그는 유머가 깃든 쉽고 해학적인 그림을 그리는 것으로 유명하다. 공교롭게도 이 두 점의 그림 모두에서 복잡한 도시 속 조용히 사색할 수 있는 여유와 침묵의 미학이 느껴져 보는 그림이 마음에 더 와 닿았다.

흑백 아트 포스터와 벽면 색감, 플로어 스탠드가 사무실의 모던함을 극대화시킨다.

그림과 디자인 가구를 주인공으로 삼다

정은주 씨는 결정적으로 우거진 숲이 보이는 풍경에 홀딱 반해 이 사무실을 찜했다고 한다. 업무를 강조한 사무실 분위기보다는 세련된 집 같은 느낌이 들었으면 해서 가구 배치는 효율적으로 하되 사무용 냄새가 덜 나는 디자인 가구로 골랐다. 사무실에 들어서면 시선이 바깥 풍경–디자인 가구–벽의 그림 순으로 자연스럽게 옮겨 가도록 가구와 그림을 배치한 것도 특징이다. 현관에서 보이는 공간에는 작업용 원목 테이블(책상 대용)과 아치형의 블랙 플로어 스탠드를 두었고 그 너머 미닫이문이 있던 자리에는 이탈리아 브랜드 몰테니의 소파 베드를, 그 안쪽 공간에는 정은주 씨의 개인 책상을 놓았다. 그런 다음에 사람들의 동선과 시선이 머무를 자리를 고려해 작품과 흑백 아트 포스터를 서로 마주보거나 나란히 오지 않도록 분산시켜 걸었다. 액자 하나하나에 무게감을 실어가며 그림 한 점의 힘을 제대로 보여주기 위해서였다. 시범 삼아 그림을 몇 개 떼어내고 사무실을 둘러보았더니 정말 그 분위기가 확연히 달랐다!

공원이 내려다 보이는 사진 속 앵글에 맞춰 액자도 낮게 달았다.

그림 걸 때 작품 속 시선까지 고려하다

개인적으로 이 사무실에서 가장 인상적이었던 작품은 창문 아래쪽에 가로로 길게 걸려 있는, 센트럴 파크 풍경을 파노라마로 담은 흑백 아트 포스터였다. 액자 건 위치가 참 특이해서였다. 눈높이 정도나 그보다 약간 높게 액자를 다는 게 일반적인데 왜 이렇게 아래쪽에 배치했을까. 정은주 씨는 사진작가가 사진 찍을 때의 시선과 비슷하게 사진을 걸고 싶었다고 했다.

"사진을 자세히 보면 작가가 위에서 아래로 내려다보며 촬영한 것을 알 수 있어요. 그런데 작품을 눈높이에 맞추어 걸면 얼마나 아래를 내려다본 풍경을 자기 눈높이에서 감상하는 격인데 얼마나 어색하겠어요. 작품에 절대 동화되지 못하죠. 작가의 시선과 감상자의 눈높이를 맞추는 것도 그림을 잘 거는 노하우랍니다."

한 번도 고려해보지 못한 생각에 '아. 이제부터 작가의 시선까지 눈 여겨 봐야겠구나' 하고 무릎을 쳤다.

안쪽 개인 책상 옆 벽면에는 보드 대용으로 사용하기 위해 전면 칠판을 부착했다. 책상과 이 벽면의 간격이 넓지 않기 때문에 액자를 걸기에는 부담스럽고, 그렇다고 빈 벽으로 남기기에는 아까워 짜낸 묘안이다. 작업에 영감을 주는 이미지들이나 아트 포스터를 캐주얼하게 붙여 놓기도 좋다. 화장실에는 오래 전 구입한 작은 시판 아크릴 큐브 액자 2개를 위아래로 겹쳐 놓았다. 이 역시 '휴식'과 '쉼'의 이미지를 주는 호수나 돌멩이 테마로 골랐다. 세안하다 물이 튀어도 그림이나 액자가 상할 염려가 없도록 아크릴 재질로 골랐다. 이렇게 곳곳에 세심하게 선택된 그림이 있어 문화적 자극을 받을 수 있는 일터. 이 디자인 사무실의 업무 환경이 부럽기만 해 돌아가는 발걸음이 차마 떨어지지 않았다.

FAVORITE ARTWORKS

윤병운, 기억 흔적

안윤모, 보름달 정원

CATCH AND LEARN! DECO TIP

1 가구 폭과 그림 크기를 맞춘다

정은주 씨의 책상 옆에 걸린 의자 아트 포스터를 주목하라. 책상 측면의 폭과 그림의 너비를 비슷하게 맞추었더니 책상과 아트 포스터 코너가 마치 세트처럼 조화를 이룬다.

2 그림과 어울리는 컬러와 디자인의 소품을 매치하라

안윤모 작가의 그림 맞은편에는 추상적인 블랙 아트 포스터와 아치형 곡선으로 떨어지는 플로어 스탠드를 함께 매치했다. 컬러도 통일감이 있지만 사진의 모던한 분위기와 스탠드의 미니멀한 디자인이 서로 상승 효과를 낸다.

3 틈새에도 그림을 걸어라

창문 아래에 가로로 긴 프레임(센트럴 파크 포스터)을 걸거나 문과 책장 사이 틈에 세로로 긴 그림(윤병운 작가의 그림)을 거는 등 뜻밖의 틈새에 그림을 거는 것도 시선을 집중시킬 수 있는 비결이다.

5

Matching balance between artworks and space

그림 고수,
재미와 의외성을
담아 그림을 걸다

수많은 그림이 편안하게 자리잡은 집

박미경 서울 서초구 우면동 50평대 아파트

이 책을 준비하면서 처음부터 넓은 평수의 집은 제외하기로 했다. 처음 그림을 집에 들이려는 초보들에게 거리감을 줄 수 있을 뿐더러, 아이디어 제안보다 컬렉터의 멋진 작품 관람만으로 그칠 수 있기 때문이다. 그러나 문화랑(www.gallerymoon.co.kr)의 대표 박미경 씨와 이야기를 나누고 또 집을 돌아보면서 그림을 감상하고 장식하는 일이 얼마나 쉽고 재미있는 일인지를 그녀의 집을 통해 보여 주고 싶었다. 우리는 '그림'하면 우아하고 향유하기에 값비싼 고품격 문화라는 고정관념을 가지고 있다. 박미경 대표는 그림이 이렇게 어렵게 느껴지는 것은 남에게 "나, 이런 문화도 즐겨라고 보여 주려는 생각이 강하기 때문"이라고 말한다. 그러나 작가 작품이든 아트 포스터든, 나 스스로 마음이 가는 이미지를 가까이서 보고 즐기자고 마음먹으면 모든 게 쉬워진다. 사랑하는 사람의 얼굴 들여다보듯 좋아하는 그림을 자주 보면 활력도 생긴다. 그렇게 일상까지 조금씩 풍요로워지는 것은 그림에 따라오는 기분 좋은 덤이 아닐까 한다.

집도 그림도 편안함이 우선이다

박미경 씨의 집은 숲이 우거진 우면동의 정원이 보이는 1층 아파트이다. 마치 조용한 전원주택 같은 분위기를 풍기는데, 그런 분위기를 한층 더 진하게 만드는 것은 방방마다 걸려 있는 다양한 장르의 그림들이다. 20여 년 동안 갤러리를 운영해 온 베테랑답게 국내외 작가들의 크고 작은 그림들이 거실, 침실, 주방, 화장실까지 빼곡히 걸려 있었는데, 호기심에 이리저리 그림 구경을 하느라 미리 내주었던 커피가 다 식을 정도였다. 보통 이 정도 개수의 그림이 집에 걸려 있으면 손님들이 미술 작품에 다소 주눅이 들거나 긴장하게 되기 마련이다. 그런데 이 집은 서정미가 넘치는 그림을 좋아하는 주인의 취향 때문인지, 세월이 내려 앉아 더 친숙하게 느껴지는 인테리어 때문인지 편안한 마음으로 집을 둘러보게 되었다. 동행한 디자이너가 거실의 오래된 소파를 바꾸지 않는다고 농담조로 타박을 주자 "말짱하고 편안한 걸 왜 바꿔. 우리 집에 이렇게 오래된 게 얼마나 많은데"라며 에이컨, 테이블을 차례로 가리킨다. 이렇게 겉멋에 신경 쓰지 않고 편안함과 세월의 가치를 중시하는 그녀답게, 그림도 자신의 마음을 한껏 끌어당기는 따뜻하고 감성적인 작품들로 골라 집안 곳곳에 자유롭게 풀어놓았다.

마음 가는 자리에 자유롭게 걸다

이 집에는 한 벽면에 서너 점 이상의 그림이 걸린 코너들이 꽤 많다. 거실의 소파 벽면, 주방 다이닝 룸, 그리고 아들이 출가한 뒤 용도를 바꾼 게스트 룸이 그렇다. 그런데 그 세 공간에 그림을 걸어둔 방식은 제각각이고 변칙적이다. 심지어 높이를 맞추어 나란히 건 그림은 단 하나도 없다.

"그림을 걸 때는 원칙보다 어떻게 하면 재미있게 그림을 감상할 수 있을까를 생각해요. 주방 다이닝 룸만 해도 그렇죠. 보통 같은 크기 액자를 2개 또는 4개로 짝을 맞추는데, 저는 미셸 드크루와의 큼직한 판화를 왼쪽에 한 점, 그 옆에는 앙드레 브리의 작은 가로 판화를 두 점 걸고 그 아래에는 세로 판화를 하나만 치우쳐서 걸었어요. 불안해 보일 수도 있고 의자에 가려 잘 안보일 수도 있는 위치인데, 사람들이 '어, 이건 뭐지'하면서 한번 더 눈길을 주게 되지 않을까요. 의외니까 재미있잖아요."

그림 개수가 많기 때문에 집 전체가 지루해질 수도 있는데, 이런 방식으로 호기심을 불러 일으키면서 공간에 변화를 주는 것이다. 프랑스 판화 작품만 세로 스프라이프 벽지 위에 간격을 좁혀 걸었더니 더 이국적이고 집중도도 높아진 느낌이다.

그림 크기와 위치로 리듬감을, 소품으로 통일감을 주다

호기심을 불러일으키는 변칙적인 그림 걸기는 거실에도 계속 된다. 거실 소파 뒤쪽에는 총 5개의 액자가 걸려 있는데, 액자의 크기와 높이가 모두 다름에도 정돈되어 보인다. 이것은 큰 액자 1개와 작은 액자 4개를 각각 두 그룹으로 나눠 걸고 가운데 벽의 여백을 충분히 살렸기 때문일 것이다. 플로어 스탠드를 기준으로 미니 액자들을 다채롭게 배열한 것도 유독 시선을 끈다. 다이닝 룸에 이미 색감 다양한 큼직한 그림들이 제법 빡빡하게 걸려 있기 때문에, 거실은 상대적으로 작은 액자들을 간격을 적당히 떨어뜨려 걸어 잔잔하면서도 리드미컬하게 연출했다.

소파 맞은편 오디오 코너 위에는 정인 작가의 작품이 실버 액자 안에서 빛나고 있다. 옅은 파스텔 톤의 작품과 커튼의 색감이 잘 어우러져 코너 자체가 굉장히 조화롭다. 그 옆에는 동양 앤티크 함 위에 촛대를 올려두고 그 위에 촛불 그림을 배치해, 마치 촛대 위에 촛불이 타고 있는 듯 우아하면서도 위트가 있는 코너를 만들었다.

현관 복도에는 하의수 작가의 동양적인 작품을 걸었다. 게스트 룸에 나란히 건 2개의 미니 액자는 스탠드, 소파와 어우러져 아늑한 공간을 연출한다.

가족의 추억과 의미가 그림에 덧입혀지다

세월이 흐르면서 더 의미 있는 그림이 생기기도 하고, 또 좋아하는 그림이 바뀌기도 한다. 박미경 씨가 요즘 가장 아끼는 작품은 수채화 크리스틴 뚜죠의 〈인생을 위하여〉이다. 수채화는 그림 트렌드와는 다소 거리가 있지만, 해질녘을 배경으로 한 남자가 술에 취했는지 노을에 취했는지 모를 코가 빨간 여인을 자전거에 태워 가는 황혼녘의 정겨운 부부의 모습이 오버랩되어 더욱 그렇다. 주방으로 향하는 복도에 걸린 하의수 작가의 작품도 애정이 가는 그림 중 하나다. 낮이 되면 햇볕이 깊숙이 들어 이 그림에 닿는데, 그 때는 평소에 보이지 않는 화병 실루엣이 드러나 또 다른 분위기의 그림을 감상할 수 있다. 이 그림을 배경으로 거실 테이블에 부부가 나란히 앉아 경치를 보며 커피를 마시는 행복한 일상을 즐기고는 한다.

경제적 여건에 맞게 그림 쇼핑을 해야 안목이 는다

요즘 전시회를 관람하는 인구는 기하급수적으로 늘었으나, 정작 집에 둘 그림 구입은 여전히 어렵게 생각하는 것 같다며 그녀는 아쉬움을 표했다.

"처음부터 너무 완벽한 그림을 사려고 벼르면 평생 그림 못 걸어요. 자신의 자금에 맞는 가격대의 그림을 살펴보고 그 안에서 그림을 구입해 보세요. 작가의 작품을 구입하기 부담스러우면 아트 포스터부터 시작해도 괜찮아요. 옷도 쇼핑 많이 해본 사람이 자기 체형이 취향에 파악해서 사는 것처럼, 그림도 자꾸 보고 집에 적용해 봐야 안목이 생겨요. 그래야 나중에 여건이 좋아져 정말 괜찮은 작품 하나 사고 싶을 때도, 취향과 집 분위기에 꼭 맞는 작품을 제대로 고를 수 있습니다."

3만 원이면 아트 포스터를 구입할 수 있고, 10만 원대부터 시작하는 신진 작가의 작품도 꽤 많다. 테이크아웃 커피를 여섯 번만 마시지 않으면 아트 포스터 구입할 수 있고, 퍼머넌트 한 번 안 하면 그림을 살 수도 있다는 말이다. 그런데도 그림을 선뜻 구입하지 않는 이유는 마음을 풍요롭게 하는 문화 쇼핑에는 아직 인색하기 때문일 것이다. 몸을 가꾸는 것, 입을 즐겁게 하는 것도 중요하지만 이제 그림을 비롯한 문화를 쇼핑하면서 마음의 즐거움을 찾는 인구도 많아졌으면 하는 바람이다.

인테리어 시공&디자인 · 정은주(e-DESIGN 02-517-5644)

콘솔과 액자 프레임을 매치해 클래식함을 강조한 게스트 룸의 코너.

CATCH AND LEARN!
DECO TIP

1 좁은 평수에 걸기 좋은 수채화

유화 중에서도 붓의 터치와 물감의 질감이 도드라진 작품을 좁은 평수에 걸면 집이 너무 무겁고 좁아 보인다. 반면 가벼운 터치의 수채화는 좁은 평수에도 부담스럽지 않게 걸 수 있다.

2 스탠드와 그림 매치하기

거실의 플로어 스탠드, 게스트 룸 콘솔 위의 스탠드, 그리고 침대 옆 협탁 위의 스탠드는 모두 그림과 함께 인테리어를 부각시키는 역할을 한다. 협탁이나 테이블 위에 그림만 걸면 재미가 없다. 스탠드 바디 라인을 이용해 그림 몇 개를 대칭되게 걸거나, 아예 코너에 몰아 스탠드와 삼각구도를 이루게 걸어도 색다르다.

3 액자, 높이 다르게 걸기

비슷한 크기의 액자라면 한 그룹으로 뭉쳐 비슷한 간격을 유지하며 큰 사각 프레임 안에서 변화를 주는 것이 무난하다. 그러나 다양한 크기의 액자들을 각기 다른 높이로 자유롭게 걸고 싶다면 그룹을 2개 정도로 나눠 그 그룹 사이에 충분한 간격을 두어 복잡하지 않게 연출한다.

FAVORITE ARTWORKS

크리스틴 뚜죠, 인생을 위하여

크리스틴 뚜죠, 여행자를 위하여

미셸 드크루아,
오페라 광장 페트로카 공연 시리즈

미셸 드크루아, 오페라 광장 페트로카 공연 시리즈

6

Matching balance between artworks and space

가족들과
예술의 숲에서
뛰어 놀다

주변 예술가들의 작품으로 장식한 집

권오열 서울 서대문구 남가좌동 40평대 아파트

짙은 초록 나뭇잎, 그 미세한 움직임을 하나하나 세밀하게 잡아낸 사진작가 권오열의 사진을 들여다보면 가만히 눈을 감게 된다. 그러면 머릿속에 고요한 숲이 펼쳐지고 시원한 바람이 불어오는 듯하다. 순식간에 우리를 자연의 한가운데로 데려가는 그의 사진처럼, 그의 아파트 역시 가족의 편안한 휴식처이자 예술 작품을 맘껏 즐길 수 있는 쉼터로 꾸몄다.

'인테리어 목적'보다는 그림과 가족들의 '정서적인 교감'에 중점을 두었기에, 예쁘게 걸기보다는 가족들이 움직이는 동선이나 시선이 가장 잘 머무르는 곳 위주로 사진을 걸어 오며가며 더 많이 바라볼 수 있게 했다. 집에 예술 작품을 들이는 이유는 '집을 예술적으로 만들거나 멋 부리기 위함이 아니라, 예술을 일상적으로 받아들이기 위한 것'이라는 메시지를 일깨워 주면서 말이다.

사진작가의 생활밀접 형 갤러리 하우스

권오열 씨를 처음 알게 된 것은 인터넷에서 우연히 그의 숲 사진을 발견하면서다. 정신없이 바쁜 사무실에서 무심코 그의 사진을 클릭했는데, 삭막한 사무실 풍경 위로 솔 내음 나는 숲, 살랑살랑 바람에 흔들리는 단풍이 순식간에 펼쳐지는 듯 했다. 너무 사실적이라 오히려 초현실적으로 느껴지는 작품을 보며 작가가 무척 궁금했는데, 깔끔한 셔츠를 단정하게 입고 촬영팀을 맞이하던 권오열 작가는 내심 상상하던 '자유 영혼'의 모습 대신 성실하고 모범적인 학생의 단정한 분위기를 풍기고 있었다. 대학에서 산업 디자인을 전공하고 대학 은사님의 작품을 촬영한 것을 계기로 미술작품 전문 포토그래퍼로 입문한 그는 여러 대가들의 작품을 촬영하며 그 에너지와 창작활동에 자극을 받아 스스로의 작품에 대한 열망을 키워 왔다고 한다.

집에는 그의 대표작과 그와 작품 촬영으로 또 사제지간으로 인연을 맺었던 많은 예술인들의 작품이 곳곳에 걸려 있다. 꽤 많은 작품 수에도 불구하고 오히려 어깨에 힘주지 않고 마치 서재에 책 꽂아 놓듯 툭 툭 걸어 놓은 미술 작품들이 참 정겨웠다. 그림을 부각시키기 위해 소가구나 조명에 신경 쓰기보다 그림도 밥을 먹는 행위처럼 일상적이고 자연스러운 것이 되어야 한다는 게 그의 생각이다. 그래서 그림을 '모셔 두기'보다는 익숙한 생활의 일부로 받아들이도록 현관부터 거실, 아이 방까지 두루두루 배치했다. 그중 가장 눈에 띄는 작품은 거실에 걸려 있는 그의 〈낯선 숲〉시리즈와 그가 존경하는 국민대 은사 권여현 교수의 컬러풀한 유화다.

숲 연작 시리즈로 휴식 같은 공간을 만들다

아이 공부방 겸 서재를 겸하는 거실에는 한 벽을 따라 책장을 짜 넣었고 그 맞은편에 〈낯선 숲〉시리즈 석 점이 나란히 걸려 있다. 이 작품은 많은 의미에서 거실을 가족의 쉼터로 만드는 데 큰 기여를 하고 있다. 그의 아파트 단지 주변에는 새로 대형 아파트 단지들이 속속 들어서며 공사가 멈추지 않는 도시 재개발의 중심지다. 거실에 걸어 놓은 그의 숲 사진들은 바깥의 이런 풍경이나 삭막함을 싹 씻어 주면서 마치 자연휴양림에서 산림욕을 한 듯 심신을 달래 준다. 그 뿐만이 아니다. 아이들이 공부하거나 권오열 작가가 컴퓨터 작업을 하다가도 고개를 들어 초록을 바라보면 머리를 식히고 눈의 피로를 잠시라도 가시게 하는 역할까지 한다. 거실에 짜 넣은 꽉 찬 책장이 부담스럽지 않은 것도 맞은편에 걸린 초록 숲들이 거실에 뻥 뚫린 듯한 공간감을 줘 공간의 균형을 맞추어주기 때문일 것이다. 이렇듯 자연 소재를 테마로 삼은 그림이나 사진은 특히 도시의 아파트에서 빛을 발하며 다양한 역할을 해낸다.

지인들과의 교류로 자연스럽게 컬렉팅을 시작하다

거실의 또 다른 그림은 노랑, 빨강 등 원색이 사용된 추상화 〈시간의 의미〉다. 현관 정면으로 보이는 이 집의 첫인상을 좌우하는 그림이라 할 수 있다. 그림의 의미는 의미심장하고 어렵게 느껴질 수도 있지만 색감 자체가 강렬하면서도 밝아 집의 분위기를 더 활기차게 만들어 준다.

"이 작품은 돈을 주고 산 건 아니에요. 은사님의 작품 도록 작업을 하면서 너무 마음에 들어 촬영 비용 대신 졸라서 받아 온 겁니다. 존경하는 분의 좋아하는 작품이라 더 의미가 있고 볼 때마다 그 분도 떠올리게 되더라고요."

이렇게 좋아하는 사람들과 일 하면서 마음에 들어온 작품들을 보면 하나둘 골라 두었다가 조심스럽게 작품 교환을 제안하기도 하고, 또 그림을 좋아하는 그의 취향을 알고 아이 돌잔치나 특별한 날 그림을 선물하는 지인들이 생기면서 그의 컬렉팅은 자연스럽게 진행되었다. 갤러리를 돌아다니다 무리가 되지 않는 선에서 눈에 들어오는 신진 작가의 작품을 구입하게 되는 경우도 있다.

컬러풀한 유화가 그려진 거실. 아이들은 미술 작품에서
영감을 얻어 여기서 그림을 그리고는 한다.

예술은 생활 그 자체다

이렇게 그림을 모으고 걸어 두니 미술에 관심이 없던 가족들도 자연스럽게 그림을 화제에 올리게 되고 또 아내나 아이 역시 좋아하는 그림을 하나씩 가지게 되었다. 진주 구슬로 레너드 코헨의 팝송 'I am your man'의 가사를 써 내려간 고산금 작가의 작품은 아내 남희정 씨가 특히 좋아해 침실에 걸어 두었다.

"남편이 친한 작가로부터 이 작품을 선물로 받아왔는데, 아름다운 가사를 진주로 하나하나 만들어 나간 작업 자체가 너무 아름답더라고요. 지금은 남편보다 제가 더 좋아하고 아끼는 작품이에요."

공대생 출신으로 미술에는 문외한이던 남희정 씨도 남편과 갤러리 기행을 함께 하며 자기만의 취향을 갖게 된 것이다.

첫째딸 수빈이는 작가의 은사 하동철 작가가 딸의 돌을 기념해 선물한 그림을 자신의 방에 걸어 두었다. 아직 그림의 의미를 깨닫거나 그림에서 감동을 받기에는 이른 나이이지만 '자신을 위한 그림'이란 걸 알기에 애착이 생겼다. 이렇듯 작품 자체를 완벽하게 이해하지 못해도 그림에 끌리고 정을 갖게 되면 그것만으로 '좋은 그림', '훌륭한 작품'이 되는 것이고, 그런 순간을 기점으로 사람은 서서히 그림뿐 아니라 문화 전반에 관심을 갖게 되는 게 아닐까.

"아이들이 어릴 때부터 미술 작품들을 보며 자랐어요. 그래서 그림이 특별하고 어려운 것이 아닌, 집에 늘 있는 아주 자연스러운 것으로 받아들이죠. 그림 그리는 것도 유독 좋아하고, 색감도 잘 표현해요. 물론 아이들의 정서에도 알게 모르게 큰 영향을 주었을 거라 생각합니다."

아내의 말에 권오열 씨도 적극 동의한다. 좋은 입시 교육도 물론 중요하지만, 이들은 아이들이 가장 많은 시간을 보내는 집에서 예술을 통한 정서 교육이야말로 먼 훗날 다양한 문화를 받아들이고 발전시키는 데 더 강력한 기폭제가 될 것이라고 믿는다.

CATCH AND LEARN!
DECO TIP

1 자연물이나 풍경화로 심신 정화의 효과

풍경이나 나무, 돌, 꽃 등의 자연 테마는 사람의 마음을 편안하게 만들고 정화시키는 효과가 있다. 그러나 너무 광활한 풍경이나 잔잔하고 푸른 물에 관련된 소재는 기분을 가라앉힐 수도 있고, 좁은 평수에는 오히려 버거워 보일 수 있으니 주의할 것.

2 집에서 가장 시선이 쏠리는 장소 파악하기

현관 맞은 편, 소파나 의자 맞은 편(TV장 위치), 식탁 옆, 화장실 문 맞은편 등 가족의 동선 움직임이 가장 활발한 곳에 그림을 걸면 오가다 자연스럽게 그림을 보게 된다. 또한 집 전체 분위기를 좌우하는 효과가 있기 때문에, 전반적으로 차분한 집이라도 이런 곳에 컬러풀한 그림을 걸면 집 전체가 경쾌하고 밝은 분위기를 띤다.

3 아이들 많은 집은 원색 컬러 작품

어린 아이들이 있는 집에는 모노톤의 작품이나 어두운 추상화보다는 밝은 컬러의 작품이 좋다. 아이들이 자라면서 집안 분위기를 바꾸고 싶을 때는 아이들 방에 경쾌한 그림을 걸고, 거실에 차분하고 세련된 컬러의 그림을 거는 것도 방법.

카페와 작업실을 겸한
스칸디나비안
스타일의 전시 공간

그림과 조우한 모던 한옥

심정은 서울 종로구 가회동 20평대 작업실

작년 이맘때쯤 가회동 닭 박물관 근처에 호기심을 불러일으키는 작은 한옥 한 채가 들어섰다. 소위 '준상이 고등학교'로 불리는 중앙고등학교로 올라가는 계단 중턱에 자리한 이 한옥은 주중에는 문을 꼭 닫고 개인 작업실로 사용되다가 최근 프라이빗 파티 장소로, 주말에는 카페로 변신하여 손님을 맞이하고는 한다. 잡지 편집장인 심정은 씨는 가회동의 고즈넉한 풍경을 껴안은 이 한옥을 다양한 문화 공간으로 만든 주인공이다. 5년 전, 단층이었던 낡은 한옥의 전망에 반해 이 집과 인연을 맺었는데, 없던 지하 공간을 만들고 1층은 서까래 주춧돌과 지붕만 남기며 내부를 현대적으로 탈바꿈시키다 보니 공사에만 장작 5년이란 시간이 걸렸다. 이렇게 한옥의 울타리 안에 통유리 벽과 모던한 화이트 공간이 공존하는 작업실에는 그녀가 모은 그림들이 서양 앤티크, 스칸디나비안 가구 그리고 모던한 디자인 체어와 만나 독특한 아우라를 뿜어내고 있다.

7

Matching balance between
artworks and space

정원에서도 실내 그림을 감상할 수 있는 곳

비가 추적추적 내리던 어느 날, 가회동 골목을 몇 번이나 헤맨 끝에 간판도 이름도 없는 한옥 작업실에 도착했다. 여느 한옥과 다르지 않은 외관, 그러나 문을 열고 들어서니 아담한 정원 앞에 놀랍게도 통유리로 마감한 파격적인 ㄱ자 한옥이 나타났다. 통유리 벽 너머로 오픈 키친과 그 앞 작업 테이블을 분주히 오가던 심정은 씨가 취재진을 반갑게 맞아 주었다. 독특한 통유리 미닫이문을 열고 들어서서 천장을 보니 그제야 한옥의 틀만 남기고 현대식으로 개조한 집 구조를 제대로 파악할 수 있었다.

"이 집의 건평은 25평 정도로 매우 아담해요. 원래는 지하 공간도 없었는데, 높은 지대라는 위치를 활용해 지하를 파내어 공간을 확장하는 대대적인 공사를 거쳤어요."

1층은 ㄱ자의 꺾어지는 모서리를 중심으로 오픈 형태의 주방과 일을 하는 작업대, 그리고 낮은 콘솔과 의자들로 꾸민 라운지 코너로 크게 나뉜다. 그리고 유리 소재로 마무리한 난간을 따라 지하로 내려가면 작은 파티를 할 수 있는 장소와 주방이 나타난다. 벽과 난간을 유리 소재로 만들면서, 그 덕에 누릴 수 있는 장점과 혜택을 인테리어에도 최대한 활용했다. 즉, 실내에서는 쏟아지는 햇살과 멋진 북촌 전망을 동시에 즐길 수 있게 작업 테이블과 의자를 배치하고, 정원에서도 실내의 미술 작품과 디자인 가구를 마음껏 감상할 수 있도록 그림 위치를 정해 걸었다.

1000 CHAIRS
KELLY HOPPEN HOME

그림 있는 풍경이 또 다른 그림이 된다

집으로 들어가기 위해 통유리 미닫이문 앞에 서면 펼감이 느껴지는 권혁근 작가의 추상 작품, 인더스트리얼 디자인의 대가 장 프루베의 1인용 의자, 서양 앤티크 테이블, 서까래 매립 조명, 그리고 바닥에 놓인 가녀린 들꽃 화병이 현관의 사각 프레임 안에서 또 다른 그림이 되어 눈을 즐겁게 한다. 디자인 연대와 출신 나라는 제각각 다르지만 은은한 조명과 각기 다른 원목 톤의 가구가 부드럽게 잘 어우러진다. 현관의 정사각 프레임에 맞추어 의도적으로 골라 건 정사각형 액자는 이 풍경에 흡입력을 더해 주는 듯하다.

1층 안쪽에 가로로 길게 터낸 격자무늬 창을 배경으로 의자들과 앤티크 체어, 수납장을 적절히 배치해 손님맞이 공간을 만들었다. 그중 한국적인 격자창과 그 아래 세워진 세로 스트라이프 패턴의 원목 수납장, 그 사이를 유유히 가로지르는 모던한 ㄱ자 스탠드의 조화는 아름다운 직선 라인의 진수를 보여 준다. 수납장 위에는 김춘옥 작가의 수묵 담채화 두 점을 세워 장식했는데, 한지를 여러 겹 겹쳐 뜯어내며 채색하는 독특한 기법의 작품이 격자창과 어우러져 한국적인 미를 더 강조하는 듯하다. 21세기식으로 재단장한 한옥에 걸맞게 수납장 위의 코너 역시 서양 양서, 풍성하게 퍼지는 식물 라인을 강조한 화병으로 동서양의 균형을 적절히 잡았다.

THE CAT AND ITS HOUSEKEEPER LIVE HERE

동양과 서양의 문화를 적절하게 매치하다

가회동에서 바라보는 북촌은 아파트에서 내다보는 나무 또는 도시 풍경과는 차원이 다른 깊이가 있다. 오픈 주방과 테이블이 있는 코너에는 창 밖 풍경에 몰입할 수 있도록 그림을 두지 않았다. 그리고 지극히 한국적인 풍경이 펼쳐지는 바깥과 대조되게 모던한 오픈 주방, 그 안쪽 오븐레인지 위에 미국풍 빈티지 철판과 디자이너 조명을 매치해 한옥 속의 믹스매치 콘셉트를 유지한 것도 재미있다. 지하로 내려가는 계단 난간 옆에는 권혁근 작가의 추상화를 작은 사이즈의 앤티크 테이블에 올리고 임스 체어와 사슴뿔 라인의 옷 스탠드를 매치했다.

지하 공간은 영화 파티나 하우스 콘서트 등 지인들을 모아 간단한 문화 파티를 열거나 가끔 파티 장소로 대여한다. 이 공간의 대형 추상화(역시 권혁근 작가)나 한국 전통 문양에서 이미지를 차용한 듯한 김범수 작가의 조명 작품 덕에 웅장한 느낌이 한결 강하다.

"초여름에는 컬러가 톡톡 튀는 신진 작가의 팝아트 작품을 걸어 장식했었죠. 한옥의 틀과 대조를 이뤄 오히려 굉장히 신선했어요. 그런데 얼마 전에 집에 있던 추상화를 가져와 교체했더니 전혀 다른 우아한 퓨전 한옥 분위기가 나네요."

촬영이 진행되는 동안 주말에 카페 'Dear Friends(02-3673-0625)'의 커피 서빙을 도울 아르바이트 생 면접이 한창이었다.

"유동 인구가 많지는 않지만 한옥에서 그림도 감상하고 아프리카 어린이도 돕는 좋은 일 하시라고(커피 비용 일부가 아프리카로 기부된다) 주말에는 개방합니다. 덤으로 북촌과 국내 작가의 작품으로 눈도 쉬다 가시면 좋겠죠(웃음)."

프라이빗 파티가 종종 열리는 지하 공간.

CATCH AND LEARN!
DECO TIP

1 빈티지 철판 장식하기

을지로나 각종 수입 쇼핑몰에서 구입할 수 있는 빈티지 철판. 주로 바닥이나 책상 앞에 기대어 두어 캐주얼한 느낌을 강조한다.

2 좁은 스툴에 큰 그림 얹기

일반적으로 콘솔이나 책장 등 넓은 바닥에 작은 그림을 장식하면 안정감이 들면서 간결한 모던함이 강조되고 남성적인 이미지가 강하다. 반대로 폭이 좁은 스툴에 큰 액자를 올리면 스툴의 다리 라인이 더 강조되고 옛날 이젤 이미지를 떠올려 더 여성스럽고 우아한 분위기를 연출할 수 있다.

PART3

CREATIVE SPACE WITH DRAWING &PHOTOS

직접 그린 그림으로 개성있는
공간 연출

자신이 직접 그린 그림이나 사진으로
독창적인 홈 갤러리를 꾸며 볼 수도 있다.
내 집에 어울리는 그림을 그리기도 하고,
딸을 위해 그린 그림을 집안 곳곳에 장식하기도 하며,
옷장이나 빈 벽면에 색다른 셀프 벽화를 채울 수도 있다.
화가, 디자이너, 건축가, 감각 있는 주부 등
창의적인 사람들의 개성 강한 공간들을 소개한다.
서로 다른 취향으로 꾸며진 그들의 집은 작품 자체도
독창적이지만, 그림과 사진으로 집 안을 장식하는
재미있는 아이디어들로 가득하다.

PART 3

CREATIVE SPACE WITH DRAWING&PHOTOS

1

리노베이션 공사 대신 그림으로 집을 보듬다

추상화와 장식 액자로 힘준 아파트

임수정 경기 성남 분당구 수내동 40평대 아파트

바닥에는 모노륨이 깔려 있고 옛날의 복도식 구조를 가진 20년 된 아파트로 이사해야 한다면? 대부분의 사람들이 새 벽지와 바닥재, 구조변경을 꿈꾸며 인테리어 디자이너를 찾을지 모른다. 그러나 임수정 씨는 공사 대신 기존 아파트가 가지고 있는 구조와 바닥재를 그대로 살렸다. 대신 자신이 그린 큼직한 추상화와 각종 오브제들로 벗겨지고 흠집난 부분을 가리는 색다른 대안을 택했다. 유행하는 바닥재와 벽지, 새 가구로 가득 차 주인의 취향이 사라져 버린 집들이 태반인 요즘, 정겨운 바닥재, 세월의 손때가 슬쩍 느껴지는 벽지와 코너에 주인의 그림이 화룡점정으로 절묘하게 어우러진 이 집은 뻔하지 않아서 아름답고 또 신선하다.

Creative space with drawing&photos

그림으로 낡은 곳을 가리다

대학에서 서양화를 전공한 임수정 씨는 지금까지도 취미로 꾸준히 그림을 그리고 있다. 대형 캔버스 위에 주로 추상화를 그리고는 하는데, 이렇게 그려진 작품들은 아파트 구석구석 장식되어 마치 전업 화가의 집 같은 인상을 풍긴다. 그녀가 이 집으로 이사 올 때 바닥과 벽지를 비롯한 어떠한 리노베이션 공사도 하지 않았다는데, 그럼에도 불구하고 집이 깔끔함을 뛰어 넘어 매우 스타일리시해 보이는 것은 직접 그린 작품과, 그것을 각종 이국적인 오브제들과 적절하게 배치한 미술학도의 센스 덕이 아닌가 싶다. 특히 거실과 주방, 복도 등 집에서 가장 눈에 띄는 부실에 대형 그림들이 집중적으로 배치되어 있는 것도 집주인의 똑똑한 전략이다. 살짝 흠집 난 벽지나 낡은 몰딩을 가리면서, 동시에 화려한 색감이나 패턴 벽지나 타일 등 트렌디한 부자재 대신 그림으로 신선을 끌고 또 장식 효과까지 얻기 위함이다.

가구와 그림의 주조색을 맞추다

처음 이 집에 발을 들이는 순간에는 그림과 소품이 주는 효과가 워낙 커서 바닥 패턴이 다소 독특한 것도 깨닫지 못했다. 천천히 집을 둘러보다 '어, 바닥에 대리석처럼 그러데이션 무늬가 있네'라고 인식했을 때에도 집 전체의 컬러와 맞추어 일부러 고른 바닥재인 줄만 알았으니까. 그만큼 가구, 그림 그리고 바닥재의 색감이 한데 어우러져 있는데 여기에는 임수정 씨의 아디이어가 숨어 있다.

"바닥재나 벽지를 바꾸지 않았기 때문에 기존 바닥재의 색감이 가구나 그림에 '묻어서 가게' 하려고 했어요. 그래서 일부러 공간의 색이나 역할에 맞춰서 그림을 그리기도 했죠."

일단 부피가 큰 소파, 면적이 넓은 바닥재의 블랙과 샌드 브라운 컬러가 이질감 없이 잘 어울리는 것은 이 두 컬러를 위주로 사용해 그린 소파 뒤 추상화의 역할이 크다. 또 다이닝 룸으로 들어서는 코너에는 바닥재, 원목 가구와 더불어 집 전체에 통일감을 줄 수 있도록 샌드 브라운 배경이 된 커다란 소라 그림을 걸었다. 커피가 쏟아지는 듯한 생동감 넘치는 그림 역시 '주방에 어울리는 그림이 뭐가 있을까' 고심하다가 색감과 테마를 다이닝 룸 이미지에 맞추어 그린 것이라니 놀랍다.

거실에서 주방을 바라본 모습. 거실의 추상화, 소라 그림과 주방의 커피 그림이 조화를 이룬다.

그림을 자유롭게 기대어 배치하다

이 집 거실에는 TV가 없다. 일반적으로 TV가 놓여 있어야 할 장소에는 서랍장과 전신 거울, 그리고 그 주변에 세트를 이루는 그림이 각각 두 점이 대신 놓여 있다(소파 뒤에 놓인 대형 추상화까지 치면 거실에만 무려 다섯 점의 그림이 있는 셈이다). 소파에 기대어 앉으면 거실 오른편에는 고즈넉한 연꽃 그림이, 왼쪽에는 토속적이면서도 신비한 아프리카 풍 그림이 한 눈에 들어와 마음이 정화되는 느낌이 드니, 산만한 TV보다 백 배 나은 효과가 아닌가. TV 대신 그림을 두니 인테리어 장치로서도 훌륭하지만, 차분하면서도 은은한 색감의 그림을 두니 마음의 위안을 얻는 '힐링 테라피' 효과까지 있는 듯하다.

벽에 못을 치는 게 꺼려지거나 캐주얼한 분위기를 내고 싶을 때 그림을 바닥에 내려 두는 방법을 쓴다. 그런데 임수정 씨는 여기서 더 나아가 가구 앞뒤로 그림을 자유롭게 배치하며 획기적인 그림 세워 두기를 보여 준다. 예를 들면, 그림이 일부 가려지게 소파 뒤편에 대형 추상화를 기대어 고정시킨다든지, 거울을 1/3 정도 가리면서 그 앞쪽에 그림을 기대어 두는 식이다. 또 침실로 향하는 복도에는 크고 작은 액자를 2개씩 겹쳐 기대어 놓기도 했다. 소파 뒤의 그림은 비슷한 패턴이 반복되는 추상화인데다 자신이 그린 작품이라 살짝 가려져도 별 상관이 없었고, 대형 거울 역시 몸을 비춰 보는 의도라기보다는 장식용이니 거울보다 그림을 강조하기로 한 것이다. 사실, 가구를 놓다 보면 큰 그림을 기대어놓을 만한 벽을 확보하기 힘들다. 이럴 때 유명 작가 작품이 아닌 아트 포스터나 아트 상품 액자들은 임수정 씨의 아이디어처럼 가구 앞뒤로 부담 없이 배치해 볼 만하다.

그림의 색, 테마에 맞는 재미있는 오브제를 매치하다

집의 코너마다 다육식물과 미니 타일, 그리고 촛대나 장식 볼 등 이국적인 오브제를 그림엽서나 미니 액자와 걸어놓아서 구경하는 재미가 쏠쏠하다.

"거실의 연꽃 그림은 그림의 동양적인 미를 강조해 주는 동양 앤티크 풍의 플로어 스탠드와 나란히 놓았어요. 또 그림 속 연꽃과 모양과 색감이 비슷한 다육식물을 트레이에 가득 담았는데 연꽃이 더 돋보이죠? 또 아프리카 풍 그림 옆에는 아프리카 조각상과 열대 나무 볼을 놓았더니 그림이 더 살더군요."

그 외에 주방 옆 코너에는 블랙과 화이트, 베이지 컬러의 액자, 타일, 뜨개질 컵받침 등 다양한 질감의 소품과 각종 촛대, 솔방울, 라탄 볼, 다육식물까지 매치해 이국적인 느낌을 더했다. 마지막으로 여류 화가 조지아 오키프의 애잔한 사막 풍경과 흑백 식물 사진들이 이 코너를 더 빛나게 만든다.

침실에는 직접 그린 그림 대신 인테리어 숍에서 구입한 장식용 액자를 걸어 두었는데, 넓은 벽면에 거는 대신 벽 모서리를 활용해 세로로 또는 마주 보듯 액자 2개를 세워 걸어 오히려 시선을 집중시켰다. 모로칸 스타일의 화려한 프레임 거울과 빈티지 패턴 커튼 사이의 좁은 공간에는 여성미 넘치는 구두 일러스트가 있는 화려한 골드 프레임 액자를 세로로 걸었다. 또 침대 옆으로는 압착 나뭇잎 액자를 각각의 맞닿는 벽에 기대어 놓으며 마무리했다.

아이가 그린 그림도 작품처럼 배치한다

임수정 씨는 아이들이 어릴 때 한 낙서나 그림들을 벽에 붙여 두고는 했는데, 지금은 아이들이 그린 것 중 기발하고 빛나는 그림 몇 개를 선별해 장식한다. 첫째 아이의 방에는 침대 발치에 있는 이젤을 마치 액자처럼 활용해 아이가 그린 그림과 좋아하는 일러스트를 나란히 올려 두었다. 또 만들기를 좋아하는 둘째 아이 방에는 사다리 형태의 책장을 중심으로 책장 맨 위칸에는 직접 그린 자화상을, 아래쪽에는 아이가 〈고흐의 방〉이라는 그림을 인상 깊게 보고 그 작품을 따라 만든, 감탄이 절로 나오는 입체 액자를 장식해 두었다. 이 공작 작품을 보며 감성이 풍부하고 다듬어지지 않은 어린 시절에 접하는 명작이 얼마나 큰 영향을 미치는지 새삼 느낄 수 있었다. 골판지에 색칠해 만든 실제 사이즈의 빨간 강아지도 둘째의 기발한 공작품인데, 벽면에 붙여 둔 동물모양 고리 앞에 놓았더니 서로 시너지 효과를 일으켜 마치 멋진 설치 작품 같아 보인다. 그림 그리는 엄마의 솜씨는 아이들 방에서도 빛났다. 둘째 아이 방의 커튼과 침대는 모두 동물 모티브의 파란색 패브릭으로 주문했는데 허전한 침대 머리맡에 파란색 컬러로 멋진 그림을 그려 달았다. 이렇게 공간에 맞게 그림을 척척 그리는 솜씨 덕에 분당의 디자인 사무실에서 고객의 집에 걸 그림에 대한 조언을 구하기도 한다는 임수정 씨. 시간이 좀 더 지나면 이웃들에게 그림을 가르치고 또 그렇게 그린 그림으로 갤러리에서 소박한 전시회도 갖고 싶다니, 이 집이 앞으로 다양한 그림으로 더 풍성해질 것만 같다.

CATCH AND LEARN! DECO TIP

1 메인 컬러와 비슷한 색감의 추상화 선택하기

추상화를 잘 못 걸면 집이 너무 어두워 보인다. 임수정 씨는 집에 딱 어울리는 컬러의 그림을 직접 그렸지만, 만약 추상화를 구입할 생각이라면 커튼이나 바닥재, 가구의 색깔을 고려해 통일감을 줄 수 있는 색감을 고르는 것이 안전하다.

2 미니 타일과 거울 적극 활용하기

다양한 패턴의 타일 조각과 미니 사이즈의 프레임 거울은 그 크기와 모양 때문인지 그림 액자와 동일한 효과를 낸다. 액자 월을 만들 때 액자만 여러 개 붙이는 것보다 타일과 거울을 섞으면 재미있는 변화를 줄 수 있다.

3 벽이 아닌 가구 뒤로 그림 세워 두기

그림 세워 둘 벽이 마땅치 않을 때는 소파 뒤(소파 높이가 너무 높지 않다면)나 사이드 테이블, 낮은 좌식 상 뒤를 택한다. 그림이 너무 가려지는 것이 싫다면 1/4 정도 가구 뒤에 세우거나 플로어 스탠드 뒤에 세워 그림을 감상하도록 한다.

Creative space with drawing & photos

2

딸에게
들려주고 싶은
이야기를 담다

그림과 액자로 멋을 낸 집

신설화 서울 송파구 오금동 20평대 빌라

지난봄, 우연히 강북의 한 카페에 들렀다가 〈북 프로젝트 32페이지〉라는 이색 전시를 보게 되었다. 공책0-check 출신의 디자이너 4명, 일러스트레이터들이 의기투합해 각각 32페이지에 자신만의 개성 담은 콘텐츠를 자유롭게 채우는 프로젝트였는데 그때 신설화 씨를 처음 알게 되었다. 그 후 종종 그녀의 홈페이지 신설화닷컴(www.shinseolhwa.com)에 들어가 새로운 그림과 일상을 몰래 구경하고는 했는데, 그중에서도 다이어리 섹션에 올려놓은 그녀 가족의 일상과 예사롭지 않은 감각을 보며 혼자 미소 짓고 깔깔거리기를 여러 번. 결국 망설임 끝에 전화를 걸어 "집 좀 보여 주세요"라고 청하고 말았다. 그녀의 집은 역시나 딸을 위해 그린 그림과 소품들로 채워져 그녀의 그림체와 같은 포근함이 가득했다.

딸과의 일상을 그리고 장식하는 베짱이 엄마

비가 지독히도 쏟아지던 지난여름, 다행히 햇볕이 반짝 나던 날 빌라 꼭대기 층이라 채광이 유난히 좋던 신설화 씨의 집을 찾았다. 홈페이지에서도 딸 지유에 대한 사랑이 넘쳐흘렀는데 거실에 들어서니 거실 창가의 수납장을 빼곡히 차지하고 있는 것도 딸의 장난감이다. 작업실에도 딸과 함께 한 여행을 테마로 한 그림들이 가득하다. 그녀는 딸과 모든 것을 공유하고 싶은 '그림 그리는 베짱이 엄마'다. 원래 문구 용품 회사 공책의 디자이너로 직장 생활을 시작하였으나 육아를 위해서 회사를 그만두고 프리랜스 일러스트레이터로 전업했다. 그러던 어느 날 우연히 공책에서 함께 일하던 멤버들이 만나 식사를 하다 나온 장난스런 말이 발단이 되어, 각각 원하는 내용과 그림으로 책을 만드는 32페이지 북 프로젝트를 진행하게 되었다. 그 첫 테마로 그녀는 런던과 파리의 여행 스케치를 담았고, 두 번째에는 〈딸에게 주는 이야기〉라는 테마로 책 한 권을 딸 지유를 위한 그림으로 채웠다.

딸 지유의 침실은 발랄한 색감의 소품으로 여자 아이 특유의 감성이 묻어나 있었다. 그중에서도 아주 기발한 그림이 눈길을 끈다. 마치 물감으로 낙서한 듯한 이 그림은 도화지에 그림을 그리던 지유가 물감을 손과 발에 묻히고 뛰어다니면서 자연스럽게 남긴 자연스러운 손자국과 발자국이다. 플라워 패턴 자수가 놓인 쿠션과 도나 윌슨 풍의 인형, 그리고 친정어머니가 만들어 주신 뜨개 담요가 그림과 어우러져 소박하지만 따뜻한 공간이 완성되었다.

지유가 그린 그림이 여느 예술 작품보다 예뻐서
디자인 행거 옆에 코너를 맞춰 그대로 붙여 두었다.

부부 작업실에 마련한 핸드메이드 갤러리

가장 큰 방은 부부의 작업실로 꾸몄다. 남편의 책상과 자신의 작업 테이블을 간격을 띄워 배치하고 그 뒤 벽에는 자신의 작업들을 액자 없이 그대로 벽에 꽂아 장식했다. 그림들을 자세히 들여다보면 다양한 핸드메이드 기법이 활용된 것이 흥미롭다.

"실버 액자에 넣어 둔 물고기 그림은 가족이 함께 몰디브에 놀러 갔을 때 보았던 물고기들을 그린 거에요. 그리고 그 옆에는 채집해 온 나뭇잎을 붙이고 그 모양을 그대로 따라 그려 본 것이죠. 파란 나뭇잎과 화분의 꽃 작품은 제가 새롭게 배우고 있는 실크 스크린 기법을 활용했어요."

이 모든 그림들은 가족과 함께 한 여행에서 영감을 얻은 것들이다. 이 그림들이 더욱 빛나는 이유는 바로 선반 위에 가지런히 장식해 둔 빈티지 병들과 티포트, 그리고 말린 잎사귀들과의 조화 덕분이다. 빈티지한 손맛을 좋아하는 작가의 취향이 고스란히 반영된 코너로, 소품들은 일본에서 하나둘 구입한 것이란다. 병에 씌워 둔 뜨개질 커버 장식은 친정어머니가 만들어 주신 거라니 손재주는 대물림 되나 보다.

실크 스크린으로 작업한 일러스트는 냉장고에, 액자 프레임에 미니 동물 장난감을 얹은 액자는 거실에 장식했다.

자연스럽게 올려 둔 손 그림

작업실 책장에는 이제까지 그녀가 작업했던 일러스트 작품을 책장에 그대로 기대어 장식했다. 핀으로 벽에 꽂아 장식할 때보다 더 정적이고 단정한 느낌이 부각되는데, 이때 종이가 빳빳해야만 제대로 세워진다. 아이가 그린 그림을 이런 식으로 장식하고 싶다면 종이 뒤에 두꺼운 마분지를 살짝 덧대는 것도 방법이 될 수 있겠다.

책장 옆으로는 지유의 뜨개 원피스를 벽에 걸고 그 위 빨래 고리에는 마른 나뭇가지를 슬쩍 걸쳐 두었다. 그리고는 지유의 라틴 체어에 아기자기한 집 모양 일러스트를 기대어 빈티지하면서도 감각적인 코너를 연출했다. 그 옆 선반에 매달아 둔 뜨개 모빌과 빈티지 여행 가방은 옆의 해외여행 그림과 어우러져 딸과의 여행을 절로 추억하게 만든다.

이 집은 거실과 주방 그리고 방 세 개가 있는 구조로 각각 아이 방, 부부 작업실 그리고 드레스 룸 용도로 쓰이고 있다. 거실에는 딱 하나의 액자, 그것도 그림이 아닌 장난감을 조르르 얹어 놓은 액자가 포인트로 걸려 있다. 두꺼비 집과 비슷한 크기 액자를 골라 아래쪽에 비껴 달았더니 오히려 두 개의 사각 프레임이 마치 하나의 세트를 이루는 듯 보여 보기 싫던 두꺼비 집이 확연히 덜 거슬린다.

신설화 씨의 그림과 인테리어에는 공통적으로 '자연스러움'과 '손맛', 그리고 가족에 대한 '애정'이 가득 묻어난다. 가족과 함께 한 일상, 딸과 보내는 하루가 그녀에게 영감을 주고, 그 영감은 손끝을 통해 그림으로 다시 그려진다. 그녀에게 있어 그림은 딸에게 전하는 끊임없는 사랑 고백인 셈이다.

두꺼비집 아래에 입체 액자를 걸어 유쾌함을 더했다.

자연스럽게 책장에 기댄 그림 장식.

CATCH AND LEARN! DECO TIP

1 채집도 작품이 된다

펜으로 그리는 그림만 작품이 아니다. 여행에서 주워 온 돌멩이, 나뭇잎, 조가비 등도 종이나 캔버스에 붙이거나 예쁜 트레이에 올려 두면 추억이 어린 예술 작품이 된다.

2 손 그림과 손뜨개는 괜찮은 궁합

내추럴한 일러스트를 장식하거나 걸 때는 니트 소품을 적극 활용해 '핸드메이드' 느낌을 살려 보자. 신설화 씨처럼 아이가 어릴 때 입은 니트 원피스나 소품, 니트 모빌 또는 니트 컵받침과 빈티지한 그릇을 매치하는 것도 괜찮다.

3 액자 대신 그림을 내추럴하게 기대어 두기

그림이 그려진 종이를 벽에 고정하면 경쾌하면서 캐주얼한 느낌이 강조되고, 의자나 선반 등에 기대어 두면 정갈한 분위기가 더 강조된다.

3

위트와 유머 넘치는
오리엔탈
홈 갤러리에 가다

도자 오브제와 벽화로 꾸민 집

여경란 경기 이천 신둔면 20평대 주택

여경란 씨의 집은 마치 아시아 버전의 〈이상한 나라의 앨리스〉 같다. 현관에서 예상치 못한 핫 핑크와 핫 퍼플, 심지어 민트 컬러 옷을 입은 도자 인형들이 묘한 표정으로 손님을 반기고 작은 방에는 도자기로 만들어진 팔다리, 얼굴이 화려한 꽃 그림과 함께 섬뜩하면서도 아리따운 자태를 자랑한다. 침실에 들어서면 남미 화가 페르난도 보테르의 그림 속 주인공들이 한지 옷장 위에서 수묵을 머금은 채 환상적인 기타 연주와 춤사위를 선보이는가 하면, 뒷마당으로 나가려면 평면인지 입체인지 모를 모호한 공간을 통과해야 한다. 전통 민화 속에서 얻은 색감과 모티브를 평면이 아닌 입체 도자기와 그릇에 현대적으로 담아내는 이 도예가는 70년대에 지어진 이천의 작은 집에서 이처럼 톡톡 튀는 예술적 감성과 천진난만함을 도자 작품과 그림을 통해 마음껏 펼쳐 놓고 있다.

여경란 작가를 만나기 위해 이천으로 가는 길은 낯설지 그리 않았다. 잡지 기자 시절, 가회동의 도자기 갤러리 겸 숍 '이도'에서 발견한 도자기 인형에 반해 작가를 찾아 내려간 적이 있기 때문이다. 그 당시 '옛것'으로만 생각되었던 도자기도 그처럼 재기 발랄하게 표현할 수 있다는 것을 체감하며 기분 좋은 '문화적 쇼크'를 받았었다. 이렇게 새롭고 모던한 생활 도자기 문화를 선도하는 대표 작가답게, 그녀의 집 꾸밈새 또한 예사롭지 않았다. '도예가의 집은 차분하고 정적인 이미지이다'라는 고정관념을 깨뜨린 공간이라고나 할까. 그래서 언제나 이곳은 '다시 방문하고 싶은 아티스트의 집 1위'로 내 마음속에 자리 잡고 있었다. 오랜만에 다시 찾은 작가의 집은 소박한 그녀 특유의 감성은 간직한 채 토끼 도자 오브제, 도자 그림 액자 등 최근 구상 중인 작품들로 새롭게 단장된 모습이었다.

남미 화가 보테르의 그림을 수묵화로 재해석하다

그녀의 작은 가옥은 거실과 작은 주방, 침실, 서재 그리고 뒷마당의 작업 공간으로 통하는 전실로 이루어져 있다. 그중에서 단연 눈에 띄는 공간은 경쾌하면서도 서정적인 분위기가 감도는 침실이다. 침실의 흰색 한지가 곱게 발린 미닫이 옷장 위에 남미 화가 보테르의 남녀 주인공을 수묵화로 그려낸 기발한 그림. 그것을 보면 누구나 기분 좋은 미소를 지으며 작가의 감각에 감탄하게 된다. 가장 높은 명성과 가장 많은 재산을 보유한 현존 화가 중 한 명으로 알려져 있는 페르난도 보테르는 살집이 있는 남녀를 화폭에 그려 내는 것으로도 유명한데, 국내에서도 덕수궁 미술관 전시를 통해 큰 호응을 얻은 바 있다. 여경란 씨 역시 평소 보테르의 화풍을 좋아하는 그의 팬이었는데, 전시를 본 이후의 감흥을 한지 옷장에 고스란히 풀어낸 것이라고 한다. 남자는 기타를 치고 여자는 그에 맞춰 춤을 추는 이 위트 넘치고 발랄한 수묵화는 옷장 옆 중국 앤티크 화장대, 그리고 도자 그림 액자와 톡톡 튀는 도자 오브제로 꾸며진 장식장 코너와 어우러져 동양적이면서도 유머가 넘치는 침실 분위기를 연출하는데 일조하고 있다.

인도 작가 그림과 우리 민화로 침실 코너를 장식하다

침실에는 보테르 수묵화 이외에도 눈에 띄는 그림이 몇 점 더 있다. 화장대와 장식장 사이의 한국화와 침대 옆 협탁 위에 장식된 이국적인 두 점의 그림이 그것이다. 특히 도예가 집에 장식된 한국화라… 이거 왠지 고가의 작품일 것만 같은데?

"아니에요. 제가 옥션에서 액자까지 4~5만 원대에 구입한 작가 미상의 민화예요. 민화 모티브를 그릇이나 도자 오브제에 많이 차용하고 또 오래되고 손때 묻은 것들을 좋아하다 보니 우리 옛 그림에도 관심이 많아요. 앤티크 숍이나 옥션만 잘 뒤지면 색감 고운 작품들을 생각보다 저렴한 가격에 구입할 수 있더군요."

그렇다면 이 평범한 민화를 돋보이게 만드는 건 가격 때문이 아니라 그림을 장식한 작가의 감각 덕분인 듯하다. 한국화의 특성을 살려 좌식의 눈높이에 맞춰 아주 낮게 걸고 그 앞에는 조그만 수경 식물을 띄운 석조(돌로 만든 수조)를 놓아 방 안에 작은 휴식 공간을 만든 것이다. 장식장 위에 배치한 도자 액자, 등불 장식 그리고 각종 도자 오브제를 조합해서 꾸민 솜씨가 예사롭지 않다. 침대 옆에 걸린 빛바랜 듯한 독특한 그림 두 점도 눈길을 끈다.

"인도 여행을 갔다가 길거리에서 구입한 인도 궁중 화가의 그림이에요. 이 금색 인장이 궁중 화가의 표식이라고 하는데 우리 돈으로 약 6만 원대에 구입했죠. 이 그림에 어울리는 액자 프레임을 찾다가 마땅한 게 없을 바엔 자연스럽게 그대로 걸자 싶어 프레임 없이 고정해 두었습니다."

이런 공간이나 배치, 색감에 대한 '감'이야 말로 예술가들의 타고난 '미감'이 아닌가 한다. 그래서 우리들은 예술가들의 집을 구경하며 그들의 미감에 감탄하고 또 그 속에서 작은 꾸밈의 힌트를 얻고 싶어 하는 게 아닐까.

전실, 평면적 공간을 입체적으로 완성시키다

거실과 뒷마당을 연결하는 공간인 전실도 돋보인다. 바닥을 타일로 깔고 한 쪽 벽면은 붉은 동양화 풍 벽지로 시공한 다음 긴 소파와 테이블 대용 앤티크함을 둔 이곳은 '응접실' 같은 공간이자 작업실로 향하는 통로다. 그녀는 소파 맞은편의 휑한 흰 벽에 가구나 소품 대신 검정색 라인으로만 입체적인 평면도를 그려 가상의 서랍장과 창문을 만들었고, 한편에 실제 선반을 달아 자신의 도자기 작품을 올려놓아 빈 벽에 새로운 생명을 덧입혔다.

이러한 평면과 입체 모티브는 그녀의 작품 속에도 스며들어 있다. 화려한 패턴의 도자 인형과 도자 화기는 모두 민화의 색감과 패턴에서 그 모티브를 가져온 것으로, 마치 2차원의 민화 속 이미지들을 3차원의 세계로 옮겨 놓았다고 보면 된다. 이 전실 코너는 작품 속 평면과 입체 이미지를 더욱 더 확대하여 자신의 작품과 함께 유머러스하게 표현한 것은 아닐까 짐작해 본다.

침실에 붙여 둔 인도 작가의 그림.
그리고 작업실에 꾸민 아톰과
종이 오리기 작품 코너.

빈티지 가구와 도자 오브제, 소품이 독특한 무드를 연출한다

여경란 씨는 오래전부터 지방의 재래시장을 들르면 마을 어르신들이 들고나와 판매하시던 소반이며 그릇장 등을 하나둘 사 모았단다. 60~70년대의 생활 가구이다 보니 가격도 저렴했다고 한다. 이렇게 모아진 손때 반질반질한 소가구들은 색감이 화려한 그녀의 그릇이나 도자 오브제와도 제법 잘 어울린다. 그 외에도 연둣빛의 도자 스툴과 도자기 볼에 색감 대비를 강조하며 담아 둔 빨간 토마토, 직접 구운 장식 도자 접시와 각종 미니 목각 인형들로 장식한 전실 문, 그리고 흰 종이를 접어 가위집을 낸 다음 펼쳐 그 가운데 작은 아톰 인형을 부착해 놓은 그릇 장 등 구석구석 보는 이의 미소를 자아내는, 따라 하고픈 소품 매치 아이디어가 참으로 많다.

여경란 작가는 올 가을에는 조금 새로운 시도를 해보려 한다. 도자 인형과 화기, 새와 꽃가지, 물고기 모티브 그릇 등의 대표작 외에 흙으로 구워낸 도자 그림 액자를 만드는 것이다. 액자 프레임이 필요 없는 이 도자 액자는 그 자체로도 그림처럼 걸 수 있고, 여러 시리즈를 모아 함께 걸어 대형 작품처럼 연출할 수도 있게끔 구성할 예정이라고 하니, 도자기는 입체적인 모양이라는 상식을 비트는 지극히 그녀다운 구상이고, 소비자에게는 그림 선택의 폭이 넓어지는 반가운 소식이라 하겠다.

CATCH AND LEARN!
DECO TIP

1 동양화 낮게 걸기

원래 그림은 눈높이에 맞추는 것이 기본이나, 동양화는 좌식으로 앉았을 때의 눈높이를 맞추는 것도 방법이다. 소파나 테이블에 앉게 되는 거실이나 주방보다는 침실을 비롯한 방에 활용해 볼 만하다.

2 벽에 입체 공간 그리기

작가가 전실에 그려 넣은 공간에서 힌트를 얻어 창문이 열린 모습 정도만 아이 방이나 현관 코너에 응용해 보면 어떨까. 창문은 직선 라인이므로 검정색 마스킹테이프를 이용하면 보다 쉽게 공간이 연출된다.

3 벽에 접시 걸어 그림 대신하기

여경란 작가는 전실로 향하는 문 옆에 그림 대신 여인이 그려진 접시를 걸었다. 요즘에는 패턴이 화려하거나 작가의 그림이 그려진 접시가 다양하게 시판되고 있는데 이들을 그림 대신 걸어도 좋겠다.

4

Creative space with drawing&photos

홈 갤러리의
선행 조건은
정리정돈이다

사진으로 꾸민 싱글남의 방

이세호 서울 관악구 신림동 20평대 빌라

직업의 특성이 집에 고스란히 표현되는 경우를 종종 목격하게 된다. 건축 디자이너 이세호 씨의 집도 그런 경우다. 디테일에 강한 건축 설계 종사자답게 구석구석이 아주 깨끗하고 말끔히 정리해 두었는데, 그래서인지 사진들이 눈에 쏙쏙 들어왔다. 오랜 시간 사진을 취미로 삼은 그였기에 자신의 작품을 다양한 디자인의 액자에 담아도 보고, 스냅사진도 색다른 테마로 모아 곳곳에 붙여 놓으면서 가장 이상적인 사진 장식법을 터득해 나갔다. 수납공간을 확보하고 잡동사니를 정돈해 충분한 여백을 만들어 작품을 부각시키는 구체적인 노하우를 꼼꼼한 싱글남으로부터 전수받기를 바란다.

사진을 장식하기 전, 집 정리에 돌입하다

약 10년 동안 취미로 사진을 찍어온 이세호 씨는 자신이 찍은 작품을 다양한 방법으로 현상해 거실과 주방, 그리고 침실에 걸어 두고 싶었다. 벽이나 선반에 사진 또는 그림을 장식할 때의 기본 사항은 그 작품에 대한 주목도를 최대한 높이는 것이다. 그러기 위해서는 공간의 배치나 잡동사니의 수납이 매우 중요한데, 올 봄 이사한 빌라(실평수 16평)는 벽지나 수납 여건이 그리 만족스럽지 못했다.

처음에는 예전에 같이 일했던 동료에게 전화해 단순히 벽지는 어떤 게 좋을지, 수납장은 어떻게 짜면 좋은지 가볍게 의논을 했다. 그런데 인테리어 전공인 그 친구가 손발을 걷고 나서면서 저렴한 비용으로 리노베이션 프로젝트에 착수했다. 그가 원했던 것은 충분한 수납공간을 만들어 짐들을 차곡차곡 수납하고 나머지 공간은 되도록 넓고 여유 있게 쓰는 것이었다. 그래서 거실, 주방, 침실 겸 서재 모두 원목 수납장(www.bygyo.com에서 제작)을 짜 넣기로 결정했고, 인건비를 줄이기 위해 퇴근 후에 친구들이 모여 직접 원목을 조립하고 니스 칠을 해 나갔다. 그리고 20일 뒤, 책과 잡동사니정리가 끝난 다음에는 사진을 어떻게 효과적으로 배치할 것인지 고민하기 시작했다.

한 공간에 하나씩, 여백을 강조해 사진을 걸다

그는 거실, 현관, 주방, 그리고 침실에 큰 사진 액자를 한 점씩만 걸거나 바닥에 기대어 두었다.

"개인적으로 질서 정연한 스타일을 좋아해요. 딱 한 점만 걸어야 그 벽면의 여백을 충분히 활용할 수 있고, 사진도 공간 안에서 더 음미하게 되는 것 같더군요. 제 사진은 구도나 여백을 중시하기 때문에 이렇게 배치해야 더 돋보이기도 하고요."

침실 벽면에는 구도가 강조된 사진을 일부로 왼쪽 위로 쏠리게 걸었다. 가운데가 아니라 한 방향에 치우치게 걸면 더 역동적이고 모던한 느낌을 줄 수 있기 때문이다. 거실 장식장 위에도 역시 비슷한 위치에 그림을 걸었는데, 자세히 보면 그 속에서도 안정감을 주기 위해 각각 매트리스의 끝 선, 수납장 받침대의 끝 선을 액자 프레임의 선과 맞춘 것을 알 수 있다. 거실 한쪽 벽과 침실의 책상 쪽 벽에는 올리브 그린 컬러의 벽지를 시공해 전체 공간에 입체감을 강조하는 반면, 사진의 색감과도 더 강렬한 대비를 이루도록 했다.

Heineken
S,M,L,XL
Minimalismo

New York
Yukiko Shima PORTRAIT OF A SCENE
IN PROGRESS EN PROCESO
1999 2002
croquis
서양건축사
LEICA M7
CONTAX G2
SLIDE MOUNT

흑백 사진으로 미니 갤러리를 만들다

워낙 오랜 시간 동안 사진을 찍어 오다보니 당시 새로 나왔거나 유행했던 카메라 또는 워너비 클래식 카메라에 욕심이 생겨 하나둘 모으곤 했다. 이렇게 모은 토이 카메라, 로모, 라이카 등은 침실의 책장과 CD장 위에 일렬로 배치하고 그 아래 선반에는 A4 사이즈로 프레임을 달리해 현상한 흑백 사진들을 일렬로 붙여 미니 갤러리를 연출했다. 또한 주방 수납장 옆 벽에 주황, 그린, 옐로 등 색감을 테마로 촬영한 자신의 스냅 사진을 역시 컬러 테이프로 붙여 고정했다. 냉장고 앞쪽에는 흑백의 풍경 사진들만 모아 미니 자석으로 네 모서리를 고정시켜 부착하기도 했다.

"스냅 사진을 여러 장 장식할 때는 통일된 테마를 정하면 더 좋습니다. 제 경우에는 그 테마를 컬러로 정한 것인데, 시각적으로도 돋보이는 효과가 있습니다."

주방 원목 수납장과 냉장고에 붙여 장식한 스냅사진들.

사진을 현상하고 장식하는 방법은 다양하다

이세호 씨는 사진 동아리 활동을 하면서 사진 전공자들과 돈독한 친분을 맺게 되었고 그들의 작업실을 나누어 쓰며 직접 현상 작업까지 한다. 이렇게 현상 작업과 사진 확대 작업을 하다 보면 프레임의 차이에 따라 사진의 느낌도 꽤나 달라진다. 사면에 똑같은 비율로 여백을 남기면 단정한 느낌이 들고, 마치 폴라로이드처럼 하단에 여백을 남기면 프레임 자체가 더 강조되어 사진이 특별하지 않더라도 시선을 끄는 효과가 있다.

액자를 만들 때도 사진을 현상해 끼우는 것 외에 아크릴판 위에 직접 사진 파일을 프린트해 제작할 수도 있다. 이렇게 만들어진 것이 '파란 하늘 바탕에 노란 파이프를 촬영'한 거실 사진 액자이다. 원래는 좀 더 선명한 파란색과 노란색이었지만 아크릴판에 프린트되는 과정에서 색상이 옅어져서 다소 아쉬움이 남는다.

그는 집뿐만 아니라 오랜 시간 촬영해 온 사진을 개인 홈페이지의 갤러리(e-seho.com)에서 꾸준히 업데이트하는데, 여기서 그의 다양한 작품과 사진 장식 노하우, 집 단장 이야기들을 자세히 확인할 수 있다.

인테리어 시공&디자인 · 김연경(솔리드 로직 blog.naver.com/chaton97)

CATCH AND LEARN!
DECO TIP

1 액자의 높낮이를 달리해 변화를 주다

차분하고 단정한 집에 액자마저 줄을 맞추어 나란히 걸면 지루함을 줄 수 있다. 이때 사진 액자의 높낮이를 각각 달리 장식하면 시선이 움직이면서 집 전체에 리듬감이 생긴다. 어떤 사진은 천장 가까이 높이 걸고, 다른 액자는 낮은 선반 위에 올리고, 나머지는 아예 바닥에 내려 장식하는 식이다.

2 흑백 사진과 수국 매치

흑백 사진은 때로는 음울하거나 너무 남성적인 이미지를 강하게 풍긴다. 이때 파스텔 톤의 꽃을 함께 매치하면 서로 색상이 대비되어 흑백 사진의 집중도도 높아지고 꽃으로 집안 분위기를 화사하게 살릴 수 있다.

3 CD나 책도 액자 못지않은 장식이다

이세호 씨는 거실 선반 위에 미술이나 사진, 건축 관련 비주얼북을 디스플레이했다. 책상 위 선반에는 비발디의 〈사계〉 에디션을 마치 미니 액자처럼 컬러를 살려 장식했다.

Creative space with
drawing&photos

5

무명천 실이
그림이 되고
액자가 된다

규방 공예로 스타일링한 한옥 작업실

정인 서울 종로구 가회동 20평대 한옥

삼청동의 작은 골목에서 가회동 방향으로 올라가다 만나게 되는 북촌은 한옥이 만들어 내는 고요한 풍경, 그리고 자신의 색깔이 분명한 숍과 갤러리들로 국내 관광객은 물론 해외 관광객에게도 명소가 된 곳이다. 이곳이 일반인들의 나들이 코스로 본격적으로 각광을 받기 시작하던 시절, 나 역시 후배와 북촌의 이 골목 저 골목을 다니며 이 한옥 너머로의 일상을 상상하며 북촌마을 특유의 운치를 만끽하고는 했다. 그러던 어느날 우리는 '우리빛깔 공방(02-730-3044)'이라는 새파란 작은 간판을 단 채 대문이 활짝 열려 있는 어느 자그마한 한옥 앞에 걸음을 멈추게 되었다. 호기심이 발동해 성큼 한옥으로 들어서 이것저것 물어보게 되었는데, 그 집주인이 이제 막 이 한옥에 보금자리를 틀고 단장 중이던 규방 공예 작가 정인 씨였다.

규방 공예는 조선 시대의 양반집 규수들이 규방에서 했던 다양한 바느질 공예를 지칭한다. 정인 작가의 작업실에는 규방 공예의 기초라 불리는 조각보도 있지만 현대적인 시도를 한 작품들도 눈에 띈다. 고리타분하다거나 꼼꼼하고 어려운 작업이라는 인식 대신 '우리 것 참 예쁘다. 생각보다 쉽고 재밌다'는 생각을 심어 주기 위해서란다. '갑자기 웬 규방 공예?'하고 의아하게 생각하는 독자들도 있겠지만, 정인 작가의 바느질은 그림과 별다른 경계가 없다. 톡톡한 누빔천 위에 그림 그리듯 바느질로 재밌는 패턴을 만들어 액자 속에 담아 두는가 하면, 솜을 넣어 바느질한 작은 소품을 모빌 대용으로 집안 곳곳에 걸어 두기도 한다. 조각보는 유리 없는 즉석 액자로 변신하고, 남은 천 조각과 가족사진으로 재밌는 콜라주 액자를 만들어 내기도 하고…. 이런 장식들을 보고 있자니 기초 손바느질로도 그림 못지않은 작품을 표현할 수 있다는 것, 전통 공예를 응용한 소소한 사진 장식 아이디어도 있다는 것을 소개하고 싶었다.

빨간 북유럽 가죽 의자와 바느질 액자로 공간에 힘주다

정인 씨의 ㄱ자 한옥 작업실의 건평은 약 20평대. 작업실로도 쓰고, 강의도 하고 때로는 각종 북촌 문화행사의 중심지가 되기도 하다보니 평수에 비해 살림살이가 꽤 많은 편이다. 그래서 주방이 딸린 1개의 방은 서재 겸 자료 보관실로, 나머지 조그만 2개의 방은 여닫이문을 연 채로 터서 마치 하나의 방처럼 강의실 겸 작업실로 사용 중이다. 그녀는 이 한옥에 한국 전통 목가구와 북유럽 가구를 함께 두었는데, '한옥'이라는 건축물의 단아하고 정직한 모양새와 북유럽 가구의 간결하고 실용적인 멋이 은근히 잘 어울려 오래전부터 꼭 시도해보고 싶었단다. 공간이 넓지 않아 여백의 미대신 공예작품과 책, 소반들을 가구와 한데 모아 놓고 오밀조밀 정겨운 배치를 더 강조했다.

방에 들어섰을 때 가장 눈길이 가는 곳은 빨간 가죽 의자와 빨간 누빔천 액자 코너. 북유럽 디자인의 특징이 고스란히 살아있는 의자와 창호지 문의 대조도 예사롭지 않지만, 일반 규방 공예와는 거리가 있어 보이는 독특한 바느질 작품도 시선을 끈다. 'Over the Rainbow'라는 영문 알파벳과 함께 여러 빛깔 공단 위에 구두 모양 천을 바느질한 것으로, 어릴 적 오빠가 사다 준 구두를 신고서 〈오즈의 마법사〉 속 도로시처럼 새로운 세계로 훌쩍 떠나길 꿈꾸었던 마음을 표현한 것이라고. 바느질 과정은 단순화하고 천의 색감과 이미지만 극대화시켜 마치 '바느질로 표현한 팝아트' 같이 멋지고 신선했다. 문득, 내가 마지막으로 바느질해본 게 언제였는지 더듬어 보게 되었다. "시침질 정도만 할 줄 알면 천에 무엇이든 그릴 수 있다"는 그녀의 말과 작품에 자극 받아 문득 어느 천에라도 내 이야기를 내 이름을 그리고 싶어졌다.

THE LOS ANGELES HOUSE
PICASSO

책상을 중심으로 소소한 작품과 사진을 배치하다

가죽 의자 맞은편에 있는 긴 책상과 의자 역시 북유럽 전문 가구 숍에서 구입한 가구다. 짙고 색감과 반질반질 손때 묻은 듯한 질감, 튀지 않는 디자인이 집과 조화를 이루어 책상이 한옥에 밀착된 느낌이 든다. 그녀는 이 책상 위에 오래된 민화 작품을 얹어 두고 그 위 창문 선반에는 지인이 동네 수퍼에 들른 딸을 찍은 흑백 사진을 프린트해 올려놓았다. 딸이 꾸벅 인사하는 모습을 순간 포착한 이 사진은 사람도 배경도 꾸밈이 없어서 더 정이 간다고 한다. 민화, 사진, 조각보, 천 콜라주가 각기 다른 높낮이로 어우러져 있어서일까. 이 방에 들어선 손님들은 요리조리 볼 것이 많아 심심할 틈이 없다.

바느질을 이용한 DIY 사진 액자를 만들다

대청마루의 고가구 선반 위에는 아주 오래된 흑백 사진이 액자에 고이 끼워져 놓여 있었다.

"석굴암을 방문한 조부모님 사진이에요. 그 옆에는 저희 어머니 어릴 적 사진, 액자 왼쪽으로는 남동생이 석굴암에서 사온 작은 기념품을 함께 놓았어요. 삼대의 추억을 함께 장식했다고 할까요? 요즘에는 자신의 할머니 할아버지 사진까지 함께 장식한 집, 생각보다 없죠? 그런데 이렇게 나의 뿌리가 되는 분들을 가끔 되새기는 것이 중요한 거 같아요. 제 아이에게도 그렇고."

그녀는 이 가족사진 코너의 분위기가 너무 무거워지지 않게, 작은 패브릭 모빌을 다는 센스도 잊지 않았다. 한복 옷감을 이용해 직접 만든 독특한 DIY 사진 액자를 보여 주기도 했다. 하나는 무명천과 손으로 뜬 한지, 그리고 자투리 천에서 오려 낸 나뭇잎 패턴을 접착제로 가볍게 붙이고 본인의 청순했던 옛날 졸업사진, 그리고 어머니의 어린 시절 사진을 붙여 만든 액자. 마치 초등학교 시절 공작 시간이 생각나는 이 콜라주 액자는 한국적이면서도 키치한 맛이 있어 아이들과 함께 만들기도 좋을 듯하다. 나머지 액자는 천 위에 딸과 찍은 사진을 얹고 조각 천을 바느질하듯 사진을 색깔 있는 실로 기워 사진을 고정해서 만든 것이다. 시침질한 바느질 선이 삐뚤빼뚤해야지 제 맛이란다. 사진 위로 난 시침질 자국도 독특하고 예쁘지만 중간에 살짝 끼워 함께 바느질한 열매가 참 정겹다. 가을 단풍 여행이나 가족 여행 다녀온 사진을 도토리나 솔방울과 함께 이런 식으로 꾸민 다음 유리 없이 액자틀에만 끼워 장식해도 좋겠다.

다양한 크기의 조각보를 장식하다

정인 씨는 어느 날부터 단정한 방에 에어컨만 툭 튀어 나와 있는 게 생뚱맞아 보이더란다. 그렇다고 인위적으로 에어컨에 덮개를 씌우거나 가리는 것은 더 둔탁해 보일까봐 내키지 않아 아래쪽과 옆으로 기본 패턴 조각보를 몇 개 시침핀으로 꽂아 붙였다.

도톰한 천 조각보에 작은 사진들을 끼워 창호지 문에 여러 개 달아 재밌는 벽면 장식을 연출하기도 했다. 원래는 컵받침으로 쓰려고 은은한 파스텔 톤 무명천을 조각조각 바느질로 이어 만들었다가 질감과 색감이 좋아서 오며 가며 보려고 문에 시침핀으로 고정했다. 이 위에는 외국 여행하며 찍은 예쁜 사진들을 클립으로 간단하게 끼워져 있었는데, 못도 칠 필요 없고 배경 색감도 멋지며 심지어 아주 가볍기까지 한 색다른 액자가 만들어진 셈이다. 이런 아이디어들은 어디서부터 나오는 것일까? 사실 그녀의 전직은 스튜어디스였다. 넓은 세상을 돌아다니면 다닐수록 '우리 것'이 가장 아름답다는 것을 알게 되었고, 다만 조금 더 새로운 시각으로 흥미롭게 표현하고 싶다는 생각에 바느질을 시작했다. 물론 처음에는 "정통 방식을 따르지 않고 왜 엉뚱한 것을 만드느냐"며 규방공예 스승님께 혼도 많이 났다고 했다.

"어느 순간부터 낯선 것을 시도하는 제 스타일을 인정해 주시더라고요. 형식은 조금 자유롭되 기본은 탄탄하게 하라고 말씀하셨죠."

전통과 현대적인 감각이 유쾌하게 스며든 그녀의 바느질은 생활 소품에서 끝나지 않는다. 한복 치마에 초현실주의 화가 달리의 작품 모티브를 바느질한 작품은 멀리 해외 살바도르 달리 박물관에도 소장품으로 보관되어 있는가 하면, 간단한 옷을 디자인해 바느질 장식을 좀 넣었더니 아예 옷을 만들어 달라는 사람도 여기저기서 생겨났다. 어린 시절, 빨간 구두를 보며 미지의 세계를 도로시를 꿈꿨던 소녀는 '규방공예'라는 울타리를 확장하며 새롭고 더 넓은 길을 향해 아직도 또각또각 걷고 있는 셈이다.

CATCH AND LEARN!
DECO TIP

1 가구와 그림 색감을 맞추다

빨간 의자와 빨간 바탕의 액자로 꾸민 코너를 떠올려 보라. 아무 포인트가 없는 평범한 집에서 가장 간단하고 쉬운 그림 장식 지침이 될 수 있다. 컬러 스툴 의자나 테이블과 맞출 그림이 없다면 액자의 매트 부분만 색자를 넣어 장식해도 비슷한 효과를 낼 수 있다.

2 유리 대신 패브릭 액자를 걸다

일단 사각 패브릭은 가벼우면서도 프레임을 갖고 있기 때문에 '가벼운 액자' 역할을 톡톡히 해낸다. 조각보 대신에 패브릭이나 가죽 식탁 매트 또는 컵받침 등을 시침핀으로 벽에 고정한 다음 사진을 끼워 장식해도 좋다.

HER OWN ARTWORKS

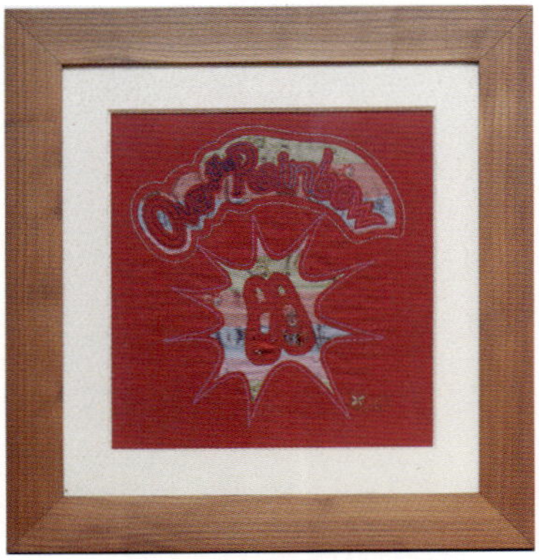

정인, Over The Rainbow

정인, 생일 축하 메시지

6

그림도 인테리어도
자유로울 때
멋스럽다

독특한 소품과 그림으로 빛나는 공간

한송이 서울 성북구 성북동 20평대 빌라

화려한 부촌과 고단한 서민의 마을이라는 두 얼굴의 동네, 성북동. 그 경계선에 일러스트레이터 겸 화가인 한송이 씨의 보금자리가 있다. 아담한 복층, 나선형 계단, 팔각 창문… 흔치 않은 이국적인 구조에 빈티지한 취향을 보태어 개성 넘치는 공간으로 거듭났고 똑같지 않아서 더 아름다운 집이다. 내가 꿈꾸는 집도 바로 이런 공간이라는 생각이 들어서 말을 건넸더니 그녀는 "찾아오시는 잡지 기자들마다 그런 얘기하시던데요?"라며 웃었다. 빈티지하고 자연스런 인테리어 스타일을 좋아하는 싱글이라면 누구나 꿈꾸는 공간이라는 반증이다.

이 공간을 더 색다르게 만드는 것은 현관 입구부터 주방, 2층 침실까지 곳곳에 배치된 다양한 그녀의 그림들. 그림 자체가 워낙 천진만난하기도 하지만 바닥에, 선반 위에, 창문에, 심지어 계단 등 장소에 구애받지 않고 장식한 그림은 감성적인 소품, 평범치 않은 집 분위기와 어우러져 더욱 빛을 발하고 있었다. 소박하지만 자유로운 영혼의 에너지가 느껴지는 곳이다.

YES!
YOU CAN FLY
Melancholy Eraser
14 June-10 July
INSIDE

팔각 창문을 지닌 동화 같은 집을 찾아내다

한송이 씨가 2년간의 스페인 생활을 마치고 귀국한 것은 작년 말. 작업실과 주거지의 두 가지 역할을 할 아늑한 집을 찾아 이태원, 삼청동의 작은 집들을 알아보기 시작했지만 인연이 닿지 않았고, 성북동에서 운명처럼 이 작은 복층 빌라를 만나게 되었다.

이 집은 빌라 건물의 3층에 위치한 복층 공간으로, 1층에는 주방과 방 1개, 2층에는 아주 작은 거실과 작은 방이 딸려 있는 아담한 구조다. 건물주가 안목이 있었는지 아니면 건축가가 새로운 시도를 한 것인지 원래부터 나선형 계단에 팔각 창문을 가진 이 집에 그녀가 한눈에 반한 건 어쩌면 당연한 일이다.

"구조만 예뻤지 처음 봤던 집은 지금과 전혀 딴판이었어요. 너무 화려한 다마스크 벽지가 여기저기 도배되어 있기도 하고요. 그래서 흰색 페인트로 벽지 위를 칠하고 주방이랑 2층 거실 벽은 초록색과 파란색으로 칠했죠. 친구들은 제가 스페인에서 살던 집과 느낌이 비슷하대요."

나선형 계단과 그림, 빈티지 소품이 손님을 반기다

다른 집은 어떤 그림을 어떻게 걸었느냐가 중요할지 모르겠으나 이 집을 감상하면서 독자들이 눈여겨보아야 할 포인트는 '그림을 어떤 소품과 함께 두었느냐'이다. 집의 구조를 살려 장식한 그림과 이국적인 소품이 만들어 내는 코너 자체가 독특한 아우라를 내뿜고 있기 때문이다. 현관에 들어서면 정면에는 2층으로 가는 나선형 계단과 팔각 창문이 있고, 왼쪽으로는 방, 오른 쪽으로는 주방이 나오는데, 이 집의 매력 포인트인 계단과 창문을 중심으로 한송이 씨의 그림들이 자연스럽게 여럿 놓여 있다.

가장 시선이 쏠리는 부분은 옷걸이 선반의 노란 우비와 캔버스 백, 바닥에 기대어 놓은 단순함이 강조된 그녀의 그림이다. 작은 전화기, 손바닥 만한 나무판 그림, 푸릇푸릇한 나무도 현관을 좀 더 밝고 리드미컬하게 만드는 요소이다. 재미있는 것은 이 코너의 우비가 절대 연출용으로 걸린 것이 아니라는 것이다. 평소 그녀가 활용하는 일상용품들 하나하나가 취향을 고스란히 담고 있어서 이 소품들이 그림들과 어우러질수록 집도 그녀의 색깔이 '짠~' 하고 드러나는 것이다. 이렇게 작은 물건 하나가 그림과 함께 집 전체의 취향으로 확장된다. 그림 하나, 소품 하나를 고를 때도 트렌드를 따를 것이 아니라, 자신의 취향을 먼저 파악해야 하는 이유가 여기에 있다.

DIOS
MEDIA

위트 넘치는 소품으로 그림을 부각시키다

다른 공간도 그렇지만 그녀의 주방에는 재미있는 요소들이 참 많다. 강렬한 진초록색의 벽면 자체가 벽에 걸린 그림을 확 한눈에 들어오게 만들고, 식탁과 냉장고 위에 신경 쓰지 않은 듯 올려둔 두 점의 그림은 집주인의 자유로운 감성을 그대로 드러낸다. 화가인 그녀는 아티스트의 미감으로 별 고민 없이 석 점의 그림을 골라 두었겠지만 자세히 보면 그림들 모두 초록 컬러를 베이스로 갖고 있다. 자유분방하게 놓인 듯해도 벽과 세 작품이 공통 컬러를 갖고 있기 때문에 제각각 따로 놀지 않고 주방에 묘한 통일감을 주는 것. 식탁 주방 저울 위 초록 파인애플, 빨간 빈티지 라디오는 이런 색감과 보색 대비를 더욱 강조하는 위트 넘치는 소품이다.

주방 벽면 선반 코너도 경쾌하기는 마찬가지. 화가이면서 동시에 빈티지 인테리어 소품 인터넷 쇼핑몰 올디벗구디(www.oldiebutgoodie.co.kr)의 주인장이기도 한 그녀는 컬렉션 포스를 풍기는 멋스러운 북유럽 빈티지 그릇들을 오픈 선반에 진열해 두었다. 그 아래에는 나무판에 그린 그림, 포스터, 그리고 그림 액자를 매치했는데 소박하고 예쁘장한 그림과 그릇 컬렉션 코너를 개성 넘치고 감각 있게 완성시킨 주역은 바로 시크하게 매치한 줄무늬 레깅스와 메탈 질감의 자전거다. 전혀 상반된 분위기의 블랙 스트라이프와 자전거는 그림, 그릇과 어우러져 호기심 가득한 코너를 완성한다. 이런 것이 이 집만의 '반전 매력'이라고 할까!

이 집의 2층 공간. 한 벽은 파란 페인트를 칠해 그림을 높이 걸고,
전등갓, 욕실 문, 그리고 바닥에도 그림을 기대어 장식했다.

캔버스 액자, 나무판, 종이봉투로 캐주얼하게 단장하다

한송이 씨의 그림체에서는 동심이 느껴지는데 신기하게도 그녀의 집도 마찬가지이다. 그런데 항상 어떤 코너든 힘 있는 '한 끗 차' 포인트가 있다. 2층에는 작은 거실과 침실이 있는데, 침실은 파스텔 톤의 잔잔한 분위기가 주조를 이룬다면 작은 거실은 짙은 파란색으로 2층의 분위기를 단단히 휘어잡는다. 파란 벽을 배경으로 재봉틀 테이블, 파란 램프, 겨자색 여행 가방으로 꾸민 무대 세트 같은 빈티지 코너 덕에 그녀의 작품 〈서커스〉시리즈가 더욱 돋보인다.

소품도 소품이지만 그림을 장식한 위치도 각양각색이라 흥미롭다. 재봉틀 테이블 위의 그림은 마치 플랜카드처럼 몰딩 바로 아래에 높이 달아 일부러 올려 보게끔 했다. 일반 집에서는 이렇게 높이 그림을 달면 잘 집중이 되지 않겠지만 배경색이 강하고 또 그림에 흰색 여백이 많을 때는 그림이 걸린 높이와 관계없이 주목이 잘 되므로 문제될 것이 없다. 바닥에 한 점, 2층 화장실 문에 한 점. 전등갓에도 일러스트 쪽지를 달고 계단 난간에는 그림 그려 넣은 흰색 종이봉투를 걸어 소소한 그림 감상하는 사소한 재미를 더했다.

아티스트들에게 "왜 소품을 이렇게 매치했어요?"라고 묻는 것은 바보 같은 일일지 모른다. 그들에게는 색과 구도를 보는 '거시적인 안목'이 있으니까. 그래서 화가들의 집을 구경하고 관찰하는 일은 즐겁다. 틀에서 벗어난 의외성이 있고 그래서 색감의 조합도 꾸밈 방식도 신선하다. 한송이 씨의 집도 마찬가지. 이 집의 아이디어를 그대로 아파트에 적용하기란 힘들지도 모르겠다. 하지만 이 집을 보며 '소파는 여기, TV는 저기, 그림은 이쯤에 걸고'와 같은 뻔한 인테리어 원칙에서 벗어나 시각을 좀 더 넓힐 수는 계기가 되었으면 좋겠다.

종이나 캔버스 뿐만 아니라 나무판 등에 다양한 소재를 이용해 그린 그림을 소품과 장식했다.

CATCH AND LEARN!
DECO TIP

1 소품과 그림의 적극적 매치

한송이 작가는 콘솔, 스툴 같은 소가구와 그림을 매치하기보다는 작은 오브제들과 그림 매치 효과를 중시했다. 주방의 그릇들-레깅스-그림 코너, 현관의 우비-캔버스 백 뿐만 아니라 나무판 그림-모빌을 함께 달아 둔 계단, 작은 빈티지 오브제들과 작은 그림 액자를 매치한 창문 아래 선반도 그 좋은 예다.

2 작은 엽서&낙서로 재미 더하기

전등갓이나 계단 입구에 붙여 장식한 작은 그림 봉투나 쪽지는 큰 작품 액자와는 또 다른 재미를 선사한다. 그림엽서나 일러스트도 좋지만, 손수 그린 그림이라든지 아이나 남편이 무심코 한 일상적인 낙서를 가지고 연출하면 더 좋다.

3 컬러 벽면+흰색 그림의 조합

짙은 색감은 여백이 많은 흰색 바탕 그림의 주목도와 집중도를 극대화시킨다. 집에 포인트 컬러 벽지를 시공한 공간이 있다면 유화보다는 판화, 일러스트 등의 작품을 거는 게 더 효과적이다.

7

이야기가
깃들어야 더
아름답다

사진 작품과 이미지 스크랩이 가득한 방

양진석 서울 종로구 평창동 20평대 작업실

'참 말갛다!'.

디자이너 양진석을 만났을 때의 첫인상이다. 소년 같이 뽀얀 얼굴도, 조곤조곤하고 예의바른 말투와 겸손하고 순한 생각까지 모두 그랬다. 이제까지 만나온 디자이너들과는 조금 다른 캐릭터여서 이야기하는 내내 풋풋하고 신선했다고 할까.

그는 재주가 많은 사람이다. 미국 시카고 미술대학에서 인테리어와 가구 전공하고 네덜란드 암스테르담에서 유명 디자인 회사 마르셀 반더스의 디자이너로 일했던 실력파이다. 공간을 디자인하고 가구를 만드는 일 외에도 글쓰기를 좋아하고 그림을 그리고 사진을 찍는 솜씨도 뛰어나다. 이렇게 다방면에 솜씨를 발휘하는 그는 자신에게 영감을 주는 '이미지'에 특히 관심이 많다. 책에서든 잡지든 그림이든 마음에 드는 그림이나 사진을 발견하면 그것을 스크랩해 작업실 벽에 붙여 놓기도 하고, 여행 중이나 유학 중에 발견한 가슴에 와 닿는 그림을 모아 자신의 방에 하나둘 걸어 놓기도 했단다. 영감을 주는 다양한 이미지들, 그리고 그 이미지로 채워 나갔다는 이 청년의 공간이 궁금해, 볕 좋던 늦여름 평창동을 찾았다.

Creative space with drawing&photos

삼각 지붕 아래 작은 방, 사진을 보며 마음의 평안을 찾는다

인테리어 디자이너 양진석은 부모님과 함께 살고 있다. 그의 방은 부모님을 위해 그가 직접 개조 공사를 감행한 이 집의 2층에 자리하고 있는데, 기울어진 주택 지붕의 건축적인 요소를 잘 살려서인지 다락방 같은 정겨움을 물씬 풍긴다. 깨끗한 흰색 벽면을 배경으로 놓인 북유럽 스타일의 짙은 원목 책상, 푸른 철제 선반장, 빈티지 램프…. 방도 그의 첫인상처럼 환하고 정갈했다.

이 방에서 특히 탐났던 부분은 바로 침대! 지붕 바로 아래에 침대를 배치해 마치 집에 포근하게 감싸인 듯하고 창문에서 쏟아지는 햇볕까지 조용히 쬐일 수 있는 곳. 저곳에 누우면 피곤도 잊고 위로 받으며 잠들 수 있을 것만 같은 느낌. 그래서인지 침대 새하얀 벽면 여백 한가운데 걸려 있는 그림에 더욱 눈길이 갔다.

"그 작품은 제 사진 스승이라 할 수 있는 공필희 작가님 작품이에요. 파리에서 더 많이 활동하셨던 분인데 그 분 옆에서 사진을 배우다 너무 마음에 들어 구입했죠. 말로 설명할 순 없지만 이 사진에는 마음을 선하게 만드는 요소가 있어요. 스트레스 받을 때 보면 위안이 되고. 그래서 침대 위에 걸었어요. 인디언들이 나쁜 꿈을 쫓기 위해 달아 두는 '드림 키퍼' 아세요? 이러저러한 일들로 지친 날, 잠자리에 들 때 이 그림이 마음을 가라앉히고 평안을 찾아 주니 제게는 '드림 키퍼'와 같죠."

사선의 지붕, 그 아래 조용히 걸려 있는 사진은 햇살이 그려낸 또 다른 그림과 어우러져 한낮에도 따사로운 풍경을 만들어 내고 있었다. 침대 옆 스툴에는 일본에서 사온 작은 미술품 미니어처를 올려 두었다. 반복되는 도트무늬 작품으로 유명한 쿠사마 야요이의 대표작, 〈노란 호박〉 미니어처는 파란색 침대 커버의 도트 무늬와 묘한 조화를 이루어 보는 이의 눈을 즐겁게 한다.

그림과 소품을 매치할 때는 연결고리를 찾아라

방 입구에 걸린 커다란 앤디 워홀의 흑백 포스터와 4개의 빈티지 스탠드는 유학 시절 또는 여행을 하면서 하나둘 모은 물건들을 단장한 코너이다. 앤디 워홀 포스터는 그가 덴마크 코펜하겐 박물관에서 '앤디 워홀 특별전'을 보고 나오면서 구입한 것. 처음 이 포스터를 보았을 때 '예술을 존중하는 사람의 힘'을 강하게 느꼈기에 이 포스터를 볼 때마다 앤디 워홀의 그 힘으로부터 자신의 에너지를 충전할 수 있을 것만 같았단다. 그는 얼마 안 되는 돈으로 한 사람의 감정이 깃든 사진을 가질 수 있다는 자체가 행운이고 행복이라고 말한다. 포스터 아래의 빈티지 스탠드는 독일에서 인턴 생활을 할 때 벼룩시장에서 산 것으로 이 스탠드를 포스터와 함께 놓은 이유가 재미있다.

"저는 이미지와 사물의 연관성을 중시합니다. 이미지만큼 공간을 바꾸어 주는 요소도 없으니까요. 이 포스터는 앤디 워홀이 사진 촬영을 하는 장면을 담고 있어요. 의미 없는 물건을 함께 장식하는 것 대신, 포스터와 연결고리가 있는 '조명'을 아래에 두기로 했죠. 어스름한 저녁 이 스탠드를 켰을 때 방안에 불빛이 퍼지는 느낌도 참 따뜻하고요."

스탠드 앞에 쌓아 둔 책도 스탠드와 연결되도록 배치한 것이다. 화장실 갈 때 보는 책, 머리 아플 때 후루룩 보는 책, 건축에 관한 책의 카테고리로 세심하게 나누어 각각의 스탠드 앞에 둔 것도 색다르다.

UPPTÄCK
ANDY
WARHOL!
MODERNA MUSEET

POINT ÉPHÉMÈRE
ET FONDERIE DARLING
PRÉSENTENT
UNE PROPOSITION
DE SUZANNE DÉRY
PARIS 2006
SUPERMARCHER

기억을 간직하기 위해 연출한 이미지 콜라주

양진석 씨의 책상 위 선반은 그야말로 그가 감동 받은 이미지들의 집합체라 할 수 있다.

"계절마다 좋은 그림들을 집에 바꿔 달면서 분위기를 전환하면 가장 좋겠지만, 그림의 가격도 그렇고 쉬운 일은 아니죠. 그래서 포스터, 잡지, 책, 레코드 판 등 다른 부분에서 좋아하는 이미지를 발견하면 이것들을 꺼내어 잘 보이게 장식해 둡니다."

컬러 테마로 파란색 일러스트 모음으로 꾸민 선반은 지난여름에 붙여 둔 것으로, 방 안 컬러와 잘 어울리고 키치적인 느낌도 마음에 들며 첫 작업들을 기억하며 초심을 잃지 않기 위해 그대로 두었다고 한다. 그 옆 박스형 선반은 양진석 디자이너가 사적인 여행의 기록들을 전시하고 나누는 공간이다. 오래된 책에서 예쁜 그림, 사진 페이지나 좋은 글귀가 있는 페이지를 오려 장식하고 여행에서 사온 오브제들을 하나둘 세워 두기도 한다. 어떤 이들은 "아까운 책을 왜 찢느냐"고 하지만 덮어 놓고 보지 않아서 가치를 잃어가는 것보다 오려서 많은 이들과 공유하는 게 더 의미가 있다고 믿는다.

주차장을 개조한 작업실에 이미지 스크랩 보드를 만들다

디자이너 양진석의 작업실은 집 주차장을 개조한 곳이다. 평창동 언덕의 주택가에 집이 있으니 작업실도 다소 외진 셈이지만 그 한적함이 매력이다. 전면 유리문으로 되어 있는 작업실을 오가면서 본 이웃들이자 어머니 친구분들은 "동네 분위기가 좀 바뀌었다"며 은근히 좋아하신다고.

스튜디오는 한 공간으로 탁 트여 있는 형태. 가운데는 큰 작업용 테이블이, 각 벽면은 책장, 콘솔, 그리고 각종 이미지를 스크랩한 벽 꾸밈이 차지하고 있다. 특히 흰 벽면에 만든 '이미지 스크랩 섹션'은 그가 영감을 주는 그림이나 그래픽, 기사를 붙여 두기도 하고, 그 당시 진행하는 프로젝트 관련 자료들을 붙여 두고 시각적으로 소화시키는 곳이기도 하다. 잡지나 포스터, 스케치들을 툭툭 자연스럽게 핀이나 테이프로 붙이고 아래에 큰 콘솔과 의자를 두어 중심을 잡았다. 특별히 장식할 그림이나 사진이 없는 집이라면 콘솔이나 서랍장 위에 잡지에서 오려 낸 이미지들을 이렇게 붙여 응용할 수도 있겠다.

양진석 디자이너의 스튜디오 전경. 모자이크 타일로 시공한 욕실 벽면에는
직접 촬영한 사진을 장식했다.

판화와 사진으로 장식한 화장실 포토 월&콘솔

작업실도 그의 방과 마찬가지로 몇몇 작품들과 사진이 진열되어 있다. 콘솔 위에 놓인 작품은 머스 커닝햄Merce Cunningham의 판화로 슥슥 쉽게 그려 낸 듯한 관록이 느껴지고 또 마치 동화 삽화 같은 이미지가 좋아서 구입했다고 한다. 그런데 콘솔 위에 그림과 함께 장식한 소품이 독특하다. 액자를 2~3개 함께 거는 대신 판화는 콘솔 위에 기대어 놓고 그 위에 동그란 볼록 거울을 어긋나게 달아 장식한 것. 빈티지한 멋이 풍기는 이 거울에 왜곡에서 비치는 반대편 벽의 이미지 스크랩 섹션은 마치 또 다른 미술 작품 같다.

새하얀 작업실과는 달리, 블랙&화이트 타일로 힘준 화장실에는 그가 파리에서 직접 찍은 사진을 큰 액자에 넣어 걸어 두었다. 색감이 좋은 사진만 골라서 킨코스 같은 비즈니스 서비스 센터에서 가장 큰 크기로 인화한 것으로, 블랙 프레임 액자에 매트 없이 꽉 차게 넣었더니 색감이 한층 강하게 다가온다.

'이미지 컬렉팅'에 일가견이 있는 그에게 어떻게 하면 이미지로 그처럼 정겹고 아름다운 코너를 만들 수 있을지 조언을 구했다.

"글쎄요. 이미지로 공간을 장식할 때 어떤 사진을 붙일까, 유명 화가 그림이어야 하나, 잡지에서 어떤 그림을 스크랩해야 하나 너무 고민하지 마세요. 그 공간에 잘 어울리는지, 자신의 마음에 확 다가오는 이미지인지 이 두 가지만 만족시키면 충분하니까요."

그래픽적인 판화와 빈티지한 볼록 거울을 둔 콘솔.

CATCH AND LEARN!
DECO TIP

1 컬러를 테마로 콜라주 만들기

자신이 좋아하는 컬러의 사진이나 일러스트만 모아 붙여도 여느 작품 못지않은 예쁘고 독특한 분위기를 연출할 수 있다. 새 모양, 향수 모양 등 특정 이미지만 오려 내어 조합해 붙이면 그래픽적인 효과를 더할 수 있다.

2 여백을 남기고 한가운데 미니 액자 걸기

그가 침대 한가운데 건 사진 작품이 이토록 강한 인상을 주는 이유는 그 벽면을 비운 채 딱 하나의 작은 사진을 걸었기 때문이다. 콘솔 위, 또는 방과 방 사이의 벽에 딱 하나의 액자만 걸어 보자. '집중'과 '여백'의 힘을 느낄 수 있을 것이다.

3 액자 대신 이미지 보드 활용

작업실에 붙인 이미지 보드는 넓은 공간보다 아이 방 코너나 복도 코너에 활용하면 경쾌한 분위기를 연출할 수 있다. 아이 방이라면 동화책 페이지나 예쁜 북유럽 삽화들을 프린트해 붙이면 좋고, 복도 코너라면 디자이너들의 알록달록 생활 소품 이미지를 붙여도 좋을 듯.

FAVORITE ARTWORK

공필희, 무제

머스 커닝햄, 무제

8

예술이 사람에게 주는 따뜻함과 기쁨을 되새기다

그림과 이국적인 소품을 콜렉팅한 공간

조수연 서울 종로구 적산동 20평대 작업실

조수연 씨의 작은 광화문 작업실은 '그림을 이렇게 거세요'라고 제안하는 인테리어 관점에서는 적절치 않을지 모른다. 그러나 이 책을 단순히 그림 예쁘게 거는 법만 일러주는 것으로 마무리하고 싶지 않은 욕심이 있었다. 그의 소박한 공간에 들러서 왜 많은 사람들이 집에 그림 한 점 들이라고 권하는지, 그림이 '장식'에 그치지 않고 우리 삶에 얼마나 큰 힘과 위로가 되는 매개체인지 아주 짧게나마 이야기하고 싶었다. 1990년대 말, 삼청동에 갤러리 빔을 열고 이 동네의 여러 상업적 변화 속에서도 그 자리를 꿋꿋이 지키고 있는 그. 콧대 높은 기업의 미술관이나 유명 작가들이 포진하고 있는 대형 갤러리가 아닌, 신진 작가를 위한 다양한 전시를 시도하고 있는 조수연 씨가 들려주는 그림 이야기는 조금 더 특별한 것일 거라는 확신이 들었다.

요즘 삼청동은 예전의 한적함은 온데간데없이 주말에 들르기가 무서울 정도로 많은 인파가 몰리는 강북 문화 트렌드를 이끄는 중심지가 되었다. 그 한가운데에서 경제 원리를 쫓지 않고 아직도 유유자적 예전 삼청동의 맥을 이어가는 곳이 바로 갤러리 빔(cafe.naver.com/gallerybiim)이다. 조수연 씨는 이곳의 대표이자 미디어 아티스트이자 포토그래퍼다.

광화문의 오피스텔에 있는 그의 작업실은 생각보다 조용하고 소박했다. 모던함과는 다른 편안하고 꾸밈없는 느낌의 액자 몇 개가 연달에 바닥에 놓인 현관 복도를 지나 긴 테이블, 사진 장비들 그리고 컴퓨터 작업을 위한 책상이 있는 안쪽 공간에서는 예술가의 진중한 기운을 느낄 수 있었다. 테이블에 앉아 조수연 관장이 내어온, 장맛비가 쏟아지는 날과 잘 어울리는 뜨거운 보이차를 홀짝 마시면서 천천히 작업실을 둘러보았다.

Creative space with
drawing&photos

다큐멘터리 사진은 시간을 기록하고 환기시키는 힘이 있다

"그림들이 많았는데 다른 프로젝트를 위해 다 포장해서 지금 여기는 제 사진과 작은 액자들 몇 점이 전부네요."

배경막 스탠드를 거대한 프레임 삼아 그가 직접 찍은 작품 두 점이 벽에 기대어져 있었다. 멀리서도 강력한 기운을 풍기는, 누군가는 '삭막하고 무서워'라고 반응할 지도 모를 이 사진은 지난 역사 속 사건현장을 기록한 작품이다. 별 다른 장식이 없는 작업실에 특유의 무게감을 심어 주는 두 점의 작품 중 하나는 폐허가 된 현장을 찍은 것이고, 또 하나는 그 마을에서 만난 소녀의 사진을 폐허에서 갖고 온 문틀에 끼워 작업한 것. '다큐멘터리 사진'은 많은 작가들이 추구하고 있는 장르로, 사진 자체가 큰 존재감을 지닌 것이 특징이다.

그동안 다큐멘터리 사진들을 멋진 인테리어와 매치시킨 집을 방문한 적이 꽤 여러 번 있었다. 집주인들은 자신이 존중하는 순간을 기록한 작품이기 때문에, 혹은 기록 사진이 주는 그 찰나의 이미지 또는 기록의 힘에 감동을 받아서 집에 걸어 두었다고 했다. 흥미로운 점은 사진 자체가 지닌 에너지가 크기 때문인지 주인도 그림에 지지 않을 기를 발산하는 사람이 많았고, 그림이 강하기 때문에 그 주위는 최대한 비우면서 공간 여백을 많이 남겼다는 것. 다큐멘터리 미술 장르에 관심이 많다면 그림의 기운을 감당할 수 있는지 여백으로 비울 공간이 충분한지 진지하게 따져 볼 일이며, 그것이 아니라면 직접적 이미지보다 스케치나 판화처럼 라인이 가늘거나 이미지 자체가 간접적인 작품으로 시도하는 게 좋다.

이런 강한 사진들을 찍고 또 집에 거는 이유가 무엇인지를 누군가 묻는다면?

"예술가는 동시대를 사는 이로서 그 순간들을 기록하고 남기는 것이 책임이요, 운명이다"라고 말하고, "그림을 걸어 둔 이들은 작품을 보면서 평범해서 평화로운 오늘에 더 감사하게 되기 때문이다"라고 답할 거라고 했다.

연작 그림은 집 안에 통일감을 준다

작가들은 한 전시회에서 같은 테마의 여러 작품을 시리즈로 내놓기도 하고, 전시회 때마다 지난 전시에서 발전한 테마의 연작을 발표하기도 한다. 그림이나 사진작가의 연작에서는 한 예술가의 생각 변화를 읽을 수도 있고 시간차를 둔 연작에서는 작가의 성장 모습을 지켜볼 수 있어 흥미롭다. 조수연 씨의 작업실에는 최지현 작가의 연작이 장식되어 있다. 현관 복도 바닥에 나란히, 테이블 뒤의 책장에 한 점, 작은 한국 고가구 위에 한 점. 한 작가의 연작 시리즈는 비슷한 이미지가 만들어내는 각기 다른 스토리를 감상하는 재미도 있지만, 공간을 넓게 보자면 집 전체에 하나의 통일된 느낌을 부여하기도 한다.

꼭 연작이 아니더라도 그림으로 집 전체에 통일성을 주는 또 다른 방법으로는 '테마'가 같은 그림이나 사진, 기타 이미지를 장식하는 것이다. 자신이 좋아하는 넓은 테마의 주제–예를 들면 하늘, 바다, 도시 풍경, 혹은 꽃병–를 찾아 그에 맞는 그림이나 사진, 엽서, 포스터 등을 모아 보는 것도 예술 작품이나 이미지를 통해 자기 집만의 뚜렷한 개성을 보여 줄 수 있는 색다른 길이 아닌가 한다.

여행의 기억을 컬렉션으로 꾸미다

사람들은 뭔가를 수집하고 장식하는 일을 굉장히 거창하게 생각하는 경향이 있다. 그런데 거창한 작품을 모으지 않더라도 일상의 조각을 하나둘 모으다 보면 '시간의 흐름'이 더해져 추억이 쌓인 제법 멋진 컬렉션으로 변모하고는 한다. 이 작업실의 현관 입구 코너는 조수연 씨가 오랫동안 조금씩 모아 온 추억들이 장식되어 있다. 다양한 토기들부터 쇠로 만들어진 독특한 악기, 가죽집에 싸여진 작은 칼, 패브릭 액자, 촛대, 아주 작은 인형, 미니 수납함…. 제법 모인 이 컬렉션들은 사진이나 그림 못지않은 아우라를 풍기고 있었다.

"이건 뭐에요?"라고 물어보면 그는 하나하나 용도와 어디서 어떻게 들여왔는지 이야기보따리를 풀어놓는다. 컬렉션의 또 다른 재미는 결국 이런 것이 아닐까. 물건이나 그림을 보고 구입 당시의 기억을 떠올리고, 그림에 대해 묻는 이가 있으면 하나둘 설명하다 결국은 자신도 그 물건에 얽힌 추억까지 더듬어 보게 되는.

그림의 따뜻함에 위로 받고 경쾌함에 웃음 짓는다

호라티우스라는 고대 로마의 시인은 '시는 형상 없는 그림이고, 그림은 말 없는 시다'라는 글귀를 남겼다. 고등학교 시절, 하나의 시에 대한 '교과서적' 해석을 배우기 전까지 다들 다르게 받아들이고는 했던 것을 기억하는지. 같은 시를 읽어도 같은 그림을 봐도 다르게 느끼는 것은 모두의 마음 상태, 인생관이 각기 다르기 때문일 것이다. 그림도 마찬가지다. 자신에게 경쾌하게 와 닿는 그림은 밝아서 힘이 되고, 슬픈 그림은 함께 슬퍼해 주는 듯해서 위로가 된다. 만약 전시회를 감상하다 그림에 숨은 의미를 채 알기도 전에 뭔지 모를 울림으로 가슴에 툭! 와 닿는 그림이 있다면, 그 작가가 표현하고자 한 인생의 '정수'를 가슴으로 먼저 느꼈기 때문일 것이다.

그동안 만나 온 집주인들이 몇 번이고 이야기한 대로 한 사람의 삶, 인생의 가치관이 오롯이 담긴 종이 한 장이 바로 그림이고 사진이기에, 자신과 '통한' 작품만큼은 집에 두고 오랫동안 바라 볼 가치가 있지 않을까. 이 책에서 그림 한 점 집에 걸기를 제안하고 기왕이면 효과적으로 아름답게 걸도록 인테리어 측면까지 언급하는 이유도, 따뜻함과 위로를 주는 이 '말 없는 시'를 통해 가족들은 따뜻함과 위안을 얻고 그림을 품은 집 역시 시각적으로도 더 빛났으면 하는 마음에서다. 조수연 씨와 이야기를 하는 동안 느낀 이 짧은 단상으로 에필로그를 대신할 수 있지 않을까.

현관 입구에 이국적인 수집품을 장식해 두었다.
아래는 조수연 씨 작품을 이젤에 얹어 둔 작업실.

HIM OWN ARTWORKS

최지현, 무제 시리즈

PART 4

LEARN FROM GALLERY CAFES & RESTAURANTS

갤러리 카페&레스토랑에서 그림 즐기기

한창 북 카페 열풍이 불더니 최근에는
그림을 전시하고 또 장소에 따라 판매까지
이루어지는 갤러리 카페가 늘어나는 추세다.
친구와 커피를 마시고 수다를 떨면서 작품을
둘러볼 수 있으니 일반 갤러리보다 훨씬 편안하고,
가구와 그림이 어우러져 있는 것을 보며
'우리 집에도 저렇게 장식해 두면 되겠구나'하는
팁까지 얻을 수 있으니 일석이조다.
각기 다른 취향과 인테리어를 선보이는 8곳의
갤러리 카페와 레스토랑을 소개한다.

PART 4

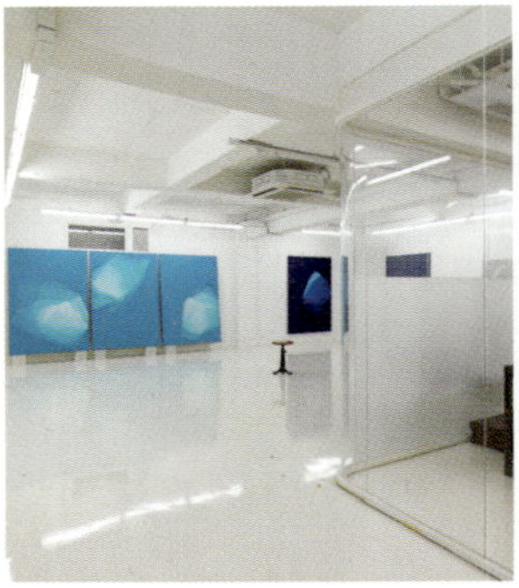

LEARN FROM GALLERY CAFES & RESTAURANTS

1

가구 갤러리
&레스토랑&현대미술
갤러리의 접점

KIND&류화랑

2000년대에 한남동이 다양하고 캐주얼한 이국적 레스토랑의 부흥기를 이끌었다면 2010년부터는 새로운 아트밸리의 중심지로 거듭나고 있다. 얼마 전부터 친구들이나 지인과의 약속 장소가 가로수길에서 한남동으로 옮겨진 것만 봐도 '제2의 가로수길'이라는 명성(성격이 다르기는 하지만)이 과장은 아닌 듯싶다. 굳이 삼성 미술관 리움을 언급하지 않더라도 한강진역부터 이어지는 소위 '꼼데가르송길'은 핫 플레이스로 떠오르는 중이다. 최정화의 꿀 아트 스페이스처럼 획기적인 대안 공간도 하나둘 둥지를 틀고 있으며 멕시코 대사관 뒷길 역시 크고 작은 카페와 숍들이 속속 들어서는 등 다양한 예술 문화가 꽃피고 있다. 카페 겸 빈티지 가구 갤러리 카인드와 류화랑 역시 작년 3월 일찌감치 멕시코 대사관 뒷길에 자리를 잡았다.

추상화와 빈티지 가구의 묘한 어울림

한남동 31-13번지의 카인드KIND는 블로거들 사이에서는 요즘 가고 싶은 카페 겸 레스토랑으로 유명하다. 자세히 들여다보면 지하 1층에는 류화랑, 지상 1층은 카페 카인드, 지상 2층에는 빈티지 가구 갤러리 카인드가 자리잡고 있는 일종의 복합 문화 공간이다. 1층 레스토랑에서는 음식과 차를 판매하며 2층 가구 갤러리에서는 덴마크, 프랑스, 네덜란드, 벨기에에서 들여온 빈티지 가구를 그림, 그릇들과 함께 매치해 가구 감상뿐만 아니라 인테리어 아이디어도 얻을 수 있다. 촬영할 당시에는 지하 류화랑에서 전시 중이던 홍수연 작가의 작품이 진열되어 있었는데, 추상화와 빈티지 가구의 묘한 어울림이 인상적이었다. 상호 'KIND'에는 여러 가지 의미가 있지만 근래 보기 드물게 친절했던 직원들을 보며 한 번 더 고개를 끄덕이기도 했다. 이 전체 업무를 아우르는 류상엽 실장은 인사동의 고미술 전문 화랑인 류화랑의 2세대로, 인사동의 류화랑이 고미술 중심이라면 한남동의 류화랑은 자체 기획전을 통해 국내 작가들의 컨템퍼러리 아트를 선보이려는 야심찬 포부를 가지고 있다. 어스름한 저녁, 길을 지나다 보면 큰 창과 벽돌 건물, 그리고 KIND라는 레터링이 눈에 띄는 이 건물은 밤에도 조명이 꺼지지 않고 은은한 불빛을 뿜내고 있어 참 아름답다. 많은 프로젝트를 진행 중인 이 흥미로운 장소가 마치 그 불빛처럼 한남동의 새로운 예술 문화를 지키는 작은 빛이 되었으면 좋겠다.

KIND
HONG SOO YEON
SOLO EXHIBITION

RYU

CORNER 1

책장을 그림 코너로 활용

선반이나 콘솔이 아닌 책장도 그림을 장식하는 훌륭한 장치가 될 수 있다. 사각 프레임의 캔버스와 덴마크산 8각 거울, 레터링, 그리고 책장 상단의 오브제들이 간결한 라인의 책장과 멋진 조화를 이룬다.

CORNER 2

콘솔과 그림, 빈티지 스탠드를 매치

공중을 부유하는 듯한 블랙&화이트 이미지의 홍수연 작가 작품. 이 작품을 그림 너비와 비슷한 콘솔 위에 걸고 빈티지 스탠드를 매치했다. 그림 속 화이트 이미지와 대응되도록 화이트 그릇류를 콘솔 위에 진열했다. 콘솔에 그림을 기대지 않고 벽에 걸었고 선이 가는 유럽 빈티지 가구와 매치해 단정하고 정갈한 느낌이다. 각각 그릇류는 일본 신상 수입품, 조명은 프랑스, 가구는 덴마크 빈티지 제품.

CORNER 3

보색 대비로 강렬함 더하기

점묘화를 연상시키는 강렬한 붓 터치의 추상화가 거칠고 낡은 철제 수납장, 손때 묻은 빈티지 암체어와 강렬한 대비를 이룬다.

CORNER 4

키 낮은 책장에 조형적인 추상화 두기

낮은 책장 위에 김차영 작가의 120호 대형 크기의 작품 〈탈출 32〉를 캐주얼하게 올려 장식했다. 낮은 책장과 그 옆에 사이드 테이블에까지 켜켜이 쌓아 둔 책들의 이미지, 그리고 그림 속 사각 모티브가 어딘지 모르게 닮아 있다. 책을 쌓아 놓은 사이트 테이블 위, 왼쪽으로 쏠리도록 걸어 놓은 프레임 액자, 그 옆 창가에 꽂아 둔 책이 만드는 구도 또한 재미있다.

*장식된 가구와 소품은 모두 KIND 가구 갤러리에서 판매 중이며,
홍수연 작가와 김차영 작가의 작품 역시 류화랑에서 구매 가능하다.

SHOP INFO

류화랑
위치 서울 용산구 한남동 31-13 지하 1층
영업시간 오전 11시~오후 7시
문의 02-6326-3113
홈페이지 www.ryuhwarang.com

KIND
위치 류화랑 건물 지상 1층
영업시간 오전 11시~오후 11시
메뉴 치킨꿀미소소테덮밥, 카레우동, 카인드커피
문의 02-796-4544

2

국내 팝아트로
가득한 갤러리 카페 | 텔레비전 12

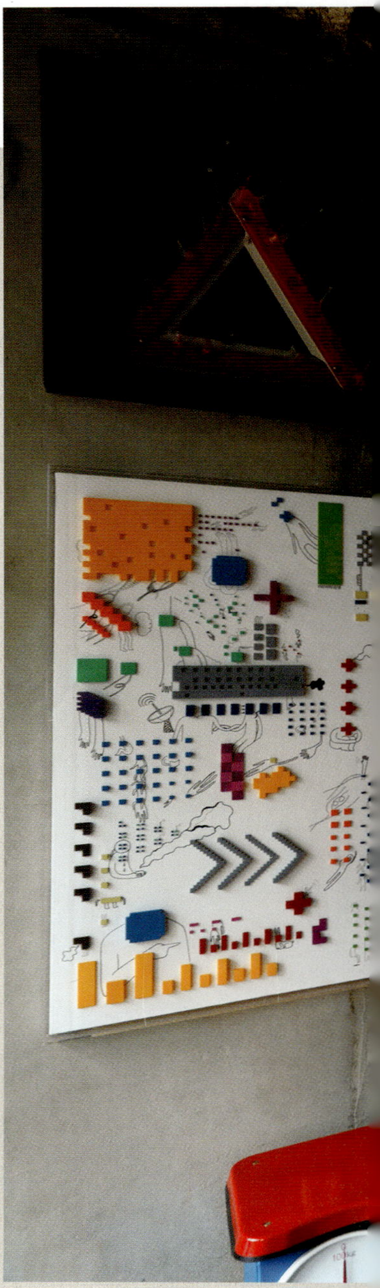

젊음과 개성의 거리 홍대. 국내 최고의 미술대학 거리답게 한때는 홍익대 근처에도 수많은 크고 작은 갤러리들이 젊고 패기 있는 아티스트의 작품을 소개하고는 했다. 그러나 비싼 물가로 아티스트들은 떠나고 관광객이 북적대는 뉴욕의 소호처럼, 홍대도 물가가 급상승하면서 갤러리들이 하나둘 외곽으로 이전해 나가고 그 자리에는 클럽과 인디 음악, 옷가게와 카페가 대신하게 되었다. 그러나 아직도 이 열기 넘치는 동네에서 젊은 대중에게 현대미술을 알리겠다는 꿈을 갖고 갤러리 겸 카페를 운영하는 부부가 있다. 광고 마케팅을 하는 남편, 미술을 전공하고 이곳의 아트 디렉터 겸 큐레이터로 활동하는 아내는 부모님 세대의 컬렉팅을 지켜보며 문화에 대한 꿈을 키웠다. 그래서 이 컬렉션을 대중들과 나누고, 또 새로운 작가들도 소개하고 싶은 마음에 '텔레비전 12'라는 문화 공간을 열었다.

부모는 너의 돈줄이 아닙니다

신진 작가의 그림을 원 없이 보다

텔레비전 12는 홍대 정문에서 걸어서 5~10분 남짓한 거리에 있는 갤러리 카페 겸 전시 공간이다. 1층의 인더스트리얼풍 빈티지 카페에는 주인 부부의 컬렉션을 걸어 장식했고, 2층은 온전한 전시 공간으로 할애해 정기적으로 새로운 전시를 기획해 작가를 소개하고는 한다.

"홍대 근처에 유망 작가들의 작품을 보면서 편하게 차 한잔 할 수 있는 장소는 거의 없을 거예요. 아무래도 여기 오시는 분들은 나이대가 어리고 또 카페 분위기 자체도 굉장히 캐주얼하다보니 이 카페 내의 작품들이 아트 상품이 아니라 화가의 진품일 거라고는 생각도 못하는 분들도 많더군요. 그래도 저희는 이렇게 좋은 작품들이 대중들의 눈에 익는 것만으로도 만족스럽습니다. 카페 공간으로 손님을 유도하고 그러면서 자연스럽게 미술품도 보고 2층 전시 공간에도 들러 새로운 작가의 작품도 공휴일 없이 무료로 보게 되고… 이렇게 이 카페가 문화 전파의 사랑방 역할을 했으면 합니다."

이곳은 국내 뿐 아니라 홍콩과도 활발히 미술 교류 중이며 아트페어에도 참가하는 등 미술 갤러리의 역할을 진지하고 충실하게 수행하고 있다. 여기서 전시를 했던 신진 작가들이 이제는 유망주라는 타이틀을 넘어설 정도로 큰 주목을 받으며 국내 시장뿐만 아니라 해외에서까지 활약하는 모습을 보면 뿌듯하기도 하단다. 홍대 근처에 왔다면 이곳에 들러 커피 한잔 하면서 부담 없이 그림을 감상하자. 운이 좋다면 작가들의 오프닝 파티와 우연히 맞닥뜨리는 순간도 있을 것이다.

CORNER 1

창문 프레임 위쪽에 그림 걸기

독특한 인물화로 주목받고 있는(이제는 주목이라는 말로 모자라지만) 윤기원 작가의 작품. 색감 대비와 클로즈업된 얼굴이 그의 트레이드마크이다. 가로로 긴 이 작품을 창문 위 틈새 공간에 걸어 장식해 색다른 분위기를 연출했다. 창문이 아파트보다 낮게 달린 주택이라면 활용해 볼 만한 방법이다.

CORNER 2

그림과 가구의 컬러 매치

아크릴 액자 속 강렬한 핫 핑크와 테이블의 색감을 매치해 이 공간을 단단하게 하나로 묶어 준다. 미국의 대표 영웅 스파이더맨과 대표 괴물 헐크, 전우주적 히어로 슈퍼맨을 조합한 이 〈캐릭터〉시리즈는 위영일 작가의 작품으로, 이 작가 역시 동일 시리즈로 국내외 그림시장에서 큰 주목을 받고 있다.

CORNER 3

의외의 장소인 책장 옆면에 그림 걸기

벽에 못 박기는 싫고 그렇다고 가구 위에 기대어 놓는 건 마음에 들지 않아 그림을 꼭 걸고 싶을 때 바로 이 방법이 해답이 될 수 있겠다. 책장 옆면에 세로로 나란히 건 장식 액자는 공간 활용 그림 걸기의 진수를 보여 준다.

SHOP INFO

위치 서울 강남구 청담동 81-11 데이라이트 빌딩 B1
영업시간 정오~자정
메뉴 와플빵, 에스프레소
문의 02-3143-1210
홈페이지 www.television12.co.kr

CORNER 4

팝 아트가 있는 풍경

이 낯익은 그림은 최근 2NE1의 앨범 재킷과 'HATE YOU' 애니메이션 뮤직비디오에 참여했던 마리 킴 작가의 작품이다. 지금 아주 핫한 팝아트 아티스트인 그녀는 미술계를 넘어 각종 콜라보레이션 작업으로도 대중에게 많은 주목을 받고 있다. 마치 만화 캐릭터 같은 표정과 강렬한 원색 그림이 인더스트리얼 빈티지 공간, 샹들리에와 어우러져 그림만큼 개성 있는 공간을 연출하고 있다.

*2011년 말, 갤러리를 청담동으로 이전하면서 카페는 문을 닫았다.

3

Learn from gallery cafes & restaurants

문화 예술의 터전에
자리잡은
갤러리 카페

b2프로젝트

대학교 시절에는 참 열심히 대학로를 들락거렸다. 서울 연극제를 보기 위해 수업이 끝나자마자 달려오기도 했고, 한때 극작가를 꿈꾸며 동숭아트센터의 옥랑문화센터에서 수업을 듣기도 했다. 저녁마다 누군가 기타를 치며 노래 부르면 그 앞에서 열렬히 박수를 보내던 문화와 예술을 사랑하는 수많은 청춘들의 모습은 지금도 여전할까. 오후를 막 바라보던 오전, 오랜만에 마로니에 공원을 걷는 감회가 새로웠다. 마로니에 공원과 몇몇 소극장들의 간판을 지나서 뒷골목을 따라 들어가면 골목 끝에 다다를 즈음 갤러리 카페 b2프로젝트를 만날 수 있다. 문화 예술에 대한 대학로의 특유의 애정에 디자인적인 색채를 가미한 것이 b2프로젝트만의 매력이다.

실험적인 작가들의 작품을 만날 수 있는 곳

모던 빈티지 가구와 조명 그리고 벽에 걸린 작가들의 작품이 한데 어우러진 카페 b2프로젝트. 실내 건축과 인테리어 전문가 변재희 대표는 2008년 대학로에 둥지를 틀고 이 건물의 지상 1층은 갤러리 카페, 지하 1층은 다양한 시범 전시가 열리는 갤러리 그리고 2층은 문화 대여 공간으로 변신시켰다.

"독일에서 공부하면서 독일과 유럽 등지에서 수집한 가구와 소품, 미술 작품 그리고 예술가 지인들에게 받은 선물로 카페 공간을 꾸몄어요."

그래서일까. 미술 작품도 회화보다는 문화의 최전방에 있는 실험적인 작가들의 작품이 많아 새롭다. 설치작가 이문호가 세트를 만들어 촬영한 〈빨간 방〉이나 작은 풀을 초근접 촬영해 마치 거대한 숲처럼 표현한 부부 아티스트 듀오 최승훈・박선민의 사진, 그리고 해외 유명 건축물 아이콘의 평면도를 표현한 김무근 작가의 범상치 않은 월 오브제까지, 자칫 아늑한 카페에 걸기에는 강할 수도 있는 작품을 편안하지만 세련된 빈티지 가구와 손때 묻은 아기자기한 소품에 매치해 포근하면서도 감각 있는 카페를 만들어 냈다.

"현재 갤러리로 쓰이는 지하와 문화 대여 공간인 지상 2층에는 빈티지 가구 쇼룸을 오픈할 예정입니다. 그래서 스웨덴으로 가서 직접 가구며 소품을 둘러보고 왔지요. 친근하게 다가갈 수 있는 북유럽 가구를 판매도 하면서, 지금 이 카페처럼 작가들의 작품도 함께 전시해 디자인과 미술이 있는 함께 있는 공간을 꾸며 보려고 해요."

앞으로 인테리어와 문화를 아우르는 새로운 프로젝트도 계획 중이라고 한다. 이 책이 발간될 즈음에는 대학로에도 멋진 차와 미술, 그리고 북유럽 빈티지 가구로 새롭게 단장한 b2프로젝트를 만나 볼 수 있을 듯하다. 다음에는 대학로에 가구를 쇼핑하러 오게 될 지도 모르겠다.

CORNER 1

사진 속 이미지를 재현한 레트로풍 공간

회화인지 사진인지 분간이 어려운 레드 컬러의 미니멀한 사진 앞에 레트로 스타일의 블랙&화이트 스트라이프 패턴 의자를 매치했다. 컬러와 패턴의 조합도 흥미롭지만 사진 속 대칭하는 2개의 의자 이미지처럼, 실제 공간도 사진처럼 흰색 테이블을 중심으로 2개의 의자를 대칭되게 두어 보다 독창적으로 공간을 연출했다. 이문호 작가의 이 사진 작품은 직접 세트를 지어 컬러를 칠한 뒤에 촬영한 것으로 초현실적인 분위기마저 풍긴다.

김무근 작가의 월 오브제와 반구형 플로어
스탠드, 빈티지 의자가 어우러진 공간.

CORNER 2

벽에 걸린 오브제가 주는 힘

블랙 프레임 월 데코의 격자 패턴과 조명의 화이트 컬러, 의자의 파란 색감의 구성이 마치 몬드리안의 작품을 떠올리게 한다. 직선과 반원, 곡선 같이 단순한 라인으로 미니멀한 코너를 연출해 냈다. 이 블랙 라인의 월 오브제는 김무근 작가의 작품이다. 월 오브제는 평면적인 그림자와 달리 햇빛이나 조명을 받으면 음영이 생겨 그림자가 주는 새로운 모습을 만들어 내기도 한다. 카페 입구 코너에 건축물의 평면도를 표현한 김문근 작가의 블루 컬러 작품, 빈티지 조명과 빈티지 의자가 어우러진 공간은 가구-조명-미술품의 멋진 구도를 보여 준다.

CORNER 3

대형 퀼트나 패브릭으로 벽 장식

카페의 입구 쪽 라운지 코너에는 이 카페를 일러스트로 형상화시킨 대형 퀼트 작품이 작은 봉에 끼워져 천장 높이 매달려 있다. 이 퀼트는 변재희 대표가 이미지를 가져가 작품 의뢰를 부탁한 것으로, 패브릭 특유의 따뜻한 질감, 퀼트만의 손맛이 잘 어우러져 디자인 가구들로 자칫 차가워 보일 수 있는 공간을 한결 포근하게 껴안는다. 굳이 퀼트 작품이 아니라도 집에서 패턴 예쁜 패브릭을 끝단만 박은 뒤 봉에 끼워 거실 소파 뒤나 침대 헤드 위에 장식해도 좋을 듯하다.

CORNER 4

삭막한 풍경 보완하는 식물 사진

창문을 열면 푸른 나무가 우거진 집보다 집 앞 아파트나 꽉 막힌 벽 등과 마주하게 되는 경우가 많다. b2프로젝트의 한 쪽 코너 역시 창밖으로 앞 건물의 담벼락이 버티고 있다. 여기에 푸릇푸릇한 식물을 클로즈업한 최승훈 · 박선민 부부 작가의 아크릴 액자를 세우고 사진 속 주황색 컬러와 같은 스탠드와 모빌을 달아 생기 있는 코너를 연출했다. 창문 자체가 프레임이 많아서 깔끔한 아크릴 액자가 더 돋보인다.

SHOP INFO

위치 서울 종로구 동숭동 130-11 **영업시간** 정오~오후 11시 **메뉴** 샌드위치, 와플류, 커피
문의 02-747-5435 **홈페이지** www.b2project.co.kr

4

편안하게 작품을 감상할 수 있는 갤러리 카페

다미안

지난여름은 유난히 비가 많이 왔다. 분당으로 촬영을 떠나는 날도 그랬다. 다미안으로 향하던 날은 특히 우여곡절이 많았다. 아침부터 비는 오고 버스에 우산을 놓고 내린 데다 심지어 내리고 보니 한 정거장 지난 뒤였다. 고속도로 근처라 택시도 없었다. 결국 보슬비를 맞고 터덜터덜 걸어 약도를 따라 다미안으로 들어가는 골목에 선 순간 푸릇하고 상쾌한 수목이 눈앞에 펼쳐졌다. 생각지 못한 광경에 놀라며 물기를 막 털고 미니멀한 3층 건물로 들어서는데 창밖으로 비를 맞아 선명해진 진초록 풍경이 한눈 가득 들어왔다. 감탄사가 절로 나왔다.

"이런 곳에 집 짓고 살고 싶다…."

Learn from gallery
cafes & restaurants

밝고 모던한 추상화로 장식한 카페

분당 금곡동에 위치한 다미안은 총 3층 건물 규모로, 1층은 도자기 숍, 2층은 샌드위치나 수프 등 가벼운 식사와 차를 즐길 수 있는 갤러리 카페, 3층은 갤러리로 활용하고 있다. 전 층 모두 숲으로 둘러싸여 조용하고 운치 있는 풍경을 감상할 수 있어 각종 모임을 가지려는 30대에게 특히 지지를 받고 있다. 자연 속에 있으면서도 우아하고 현대적인 분위기로 화보 촬영 장소로도 애용된다.

카페는 각각의 코너들이 마치 집처럼 꾸며져 있어 편안하다. 마치 누군가의 세련된 전원주택에 초대받은 기분이랄까. 입구에 들어서면 큰 창과 소파, 테이블로 단장한 거실이 나오고 그 옆에는 마치 서재 코너가 연출되어 있다. 이 편안한 분위기에 국내외 작가의 작품들, 특히 모던한 추상화들이 구석구석 어우러져 따뜻하게 손님을 맞이한다. 정물화나 풍경화가 집에 걸기 가장 무난하다고 생각했는데 밝고 모던한 추상화가 의외로 멋지다는 것을 새삼 깨닫게 되었다.

집처럼 꾸며 놓아서 그림 분위기에 따라 집의 분위기가 어떻게 달라지는지를 가늠해 볼 수 있고, 또 공간이 넓다보니 소소한 꾸밈보다는 그림을 거는 위치나 가구와의 어울림을 중점으로 감상하기에 좋은 장소이다. 3층은 갤러리지만 1층과 마찬가지로 주방, 거실 등의 집의 느낌을 고스란히 살렸다. 이곳의 전시는 그 횟수가 잦지는 않으나 전시가 끝나도 이곳 대표가 모은 그림들과 전시했던 작가의 그림들을 지속적으로 걸어 놓는다고 한다.

1층 도자기 숍의 야외 정원은 굉장히 인상적이다. 천장 일부가 유리로 마감된 다실 코너도 좋았지만, 회색빛의 미니멀한 야외 정원과 사각 연못에 빗방울이 후드득 쏟아지는 모습이 어찌나 예쁘던지. 비오는 날 다시 이곳을 찾아 빗소리를 들으며 또 눈으로 즐기며 따뜻한 차 한잔 마시고 싶은 생각이 간절하다.

CORNER 1

베란다 창에 포인트 액자 걸기

베란다 창밖의 자연을 주인공 자리로 내어 주고, 그 옆 좁은 벽에 조그맣게 색감이 돋보이는 추상화를 걸어 생기를 더했다. 유독 이 그림이 눈에 띄는 것은, 흰색을 배경으로 차분한 실내 가구, 바깥의 초록 풍경과 색감 대비가 강렬하기 때문이다. 그림 속의 원형과 티 테이블의 원형 모티브가 자연스럽게 이어져 통일감을 주고, 의외의 장소에 걸어 오히려 보는 이의 시선을 사로잡는다.

CORNER 2

좁은 공간은 세로를 강조하기

좁은 벽면에 세로로 긴 프레임 액자, 폭이 좁고 키가 큰 사이드 테이블 그리고 라인이 강조된 스틸 스탠드를 매치해 '세로'를 한껏 부각시킨 코너를 연출했다. 좁은 서재나 침실의 코너에 응용하면 좋을 아이디어다.

CORNER 3

소파 너비에 맞춰 그림 걸기

3층 갤러리에는 2인용 소파를 놓고 그 위에 소파 너비와 딱 맞는 큼직한 면 추상화를 걸었다. 너비를 맞춘 것도 인상적이지만, 패턴 하나 없이 광목으로 '면'이 강조된 소파와 채도 낮은 색으로 면을 채운 작품이 멋지게 어우러졌다. 소파와 의자가 한 세트가 되어 임팩트 있게 눈에 들어온다.

CORNER 4

벽면과 작품을 같은 소재나 색감으로 통일하기

원목 패널로 시공한 주방과 싱크대 벽면에 역시 같은 소재인 원목을 가지고 만든 부조 작품을 걸어 공간이 하나의 작품처럼 녹아든다. 집에서라면 식탁과 액자 프레임 소재만 통일시키거나 또는 식탁이나 싱크대 컬러와 색감을 맞춘 작품을 걸어 활용할 수 있다. 벽에 시공한 벽지의 여분을 액자에 넣어 그 벽에 걸어 두는 방법도 있다.

CORNER 5

추상화와 도자기로 코너를 연출하기

추상화 중에서도 색감이 부드럽고 서정적이며 단순한 작품일수록 도자기와 함께 세팅하면 여백의 미가 잘 살아난다. 작품의 가로 프레임과 둘로 나뉜 면을 강조하기 위해 콘솔 위에 납작한 가로 프레임의 도자기를 놓았으며 그릇의 끝을 작품 속 선의 위치와 맞추었다. 여기에 풀잎이나 나뭇가지 하나 없어 고즈넉한 부위기를 살렸다.

SHOP INFO

위치 경기 성남시 분당구 금곡동 35-33
영업시간 오전 10시~오후 8시
메뉴 수프, 샐러드, 샌드위치, 차와 음료
문의 02-718-0188
홈페이지 www.gallerycafedamian.com

5

유러피안
가구 갤러리 | 안도

성북동은 이 동네를 잘 아는 이가 아니면 길 찾기가 다소 까다롭다. 대중교통을 이용하면 마을버스를 한 번 더 타야 한다. 하지만 이런 위치가 장점이 되어 트렌드에 쉽게 휘둘리지 않는 한적하고 고요한 분위기가 형성되었고, 그 분위기를 좋아하는 '성북동 마니아'들은 서울 시내에서 콧바람을 쐬고 드라이브도 즐기기 위해 이곳의 카페와 음식점을 찾는다. 가구 갤러리 겸 비스트로를 표방하는 안도ANDO 역시 성북동의 조용한 주택가에서 차분하게 손님을 맞이하고 있다.

CORNER 1

빈티지 액자로 장식한 현관

콘크리트 벽면과 칠이 살짝 벗겨진 화이트와 브라운 컬러 액자가 멋스럽다. 액자 안은 흑백 사진으로 통일해 '세월의 느낌'을 더 강조했다. 현관 벽에 이렇게 풍경이나 사물, 그 중간에 가족의 사진을 섞어 걸면 집에 찾아온 손님의 주목을 끌기에 좋다.

빈티지 액자와 가구를 보는 재미가 있는 곳

안도는 작년 여름 쯤, 전직 패션 디렉터가 성북동의 40년 된 주택을 리모델링해 빈티지 가구 갤러리와 비스트로 콘셉트로 오픈한 장소이다. 워낙 조용한 곳에 있어 인테리어나 패션 관계자들, 그리고 빈티지 마니아들이 찾아오다가, 드라마 〈49일〉에서 조현재가 운영하고 이요원이 일하는 레스토랑으로 등장하면서 일반 사람들에게도 더 많이 알려지게 되었다. 총 3층의 건물 중 1층은 디자인 사무실, 2층은 가구 갤러리 겸 카페, 그리고 3층은 가구와 소품을 볼 수 있는 공간으로 사용된다.

촬영을 갔던 날은 비가 내렸고 안도의 정기 휴일이기도 했다. 그래서인지 노출 콘크리트와 빈티지하면서도 웅장하고 클래식한 가구, 사람 없이 텅 빈 공간이 마치 〈오페라의 유령〉의 세트에 서 있는 듯한 감흥을 일으켰는데, 맑고 화창한 날 차를 마시러 다시 찾은 안도는 야외 테라스와 이국적인 이미지 때문인지 오히려 해외 휴양지 분위기를 풍겼다.

빈티지 액자들로 장식된 입구를 지나 스탠드와 반질반질한 테이블이 놓인 코너를 돌아 3층으로 올라가면 클래식한 샹들리에와 소파, 스탠드가 장식되어 있어 코너마다 눈을 뗄 수 없게 세팅되어 있다. 프랑스와 벨기에 중심으로 유럽에서 공수한 묵직한 빈티지 가구는 최근 많이 접하는 북유럽 빈티지와는 또 다른 분위기이다. 그림이 아닌 가구와 소품 중심의 갤러리임에도, 가구와 그림이 어우러진 모습이 다른 카페에서는 보기 드문 색다른 풍경이라 그림을 중심으로 몇몇 코너를 소개하고자 한다.

CORNER 2

클래식한 가죽 소파와 마릴린 먼로의 조합

유리구 스탠드에서 은은하게 사방으로 퍼져 나가는 불빛, 그리고 실크 스크린 기법의 투톤 마릴린 먼로 그림, 묵직한 기운을 뿜어내는 가죽 소파는 마치 유럽의 어느 살롱을 찾은 듯 비밀스럽고 글래머러스한 분위기를 풍긴다.

CORNER 3

액자와 소품으로 꾸민 책장

책장에 작은 장식 액자들로 꾸밀 경우에는 소품과 책, 소품들의 적절한 선택과 비율 조절이 필요하다. 독특한 디자인의 해골 조명, 낡은 카메라, 그리고 촛대와 책장 맨 위에 기대어 둔 벽시계로 빈티지 분위기를 살렸다.

CORNER 4

창과 액자, 구도의 힘

그림은 모든 벽의 중앙에 올 필요도 없고, 꼭 가장 먼저 시선을 끌어야 하는 것도 아니다. 가로 프레임 창을 최대한 살려 측면 콘솔 위 기대어 놓은 이 그림은 공간의 구도를 잘 살린 연출이다.

SHOP INFO

위치 서울 성북구 성북동 30-1
영업시간 오전 11시~오후 2시(월요일 휴무)
메뉴 파스타, 치즈 퐁듀, 피자, 음료
문의 02-765-0252

6

Learn from gallery cafes & restaurants

그림에
둘러싸여
커피 볶는 집

원효로 커피

홍대, 합정동, 신사동 가로수 길, 삼청동 등 카페 문화가 잘 조성된 대표적인 동네들이다. 그러나 서울 시대에 아직 이런 문화가 정착되지 않은 곳들도 꽤 있다. 문화 카페의 불모지라 불리는 원효로도 마찬가지. 그런데 이 동네의 한가운데 알록달록 독특한 커피집이 있다.

"원효로에 특이한 동양화로 장식된 커피 가게가 있어. 한번 가 봐."

선배의 제보로 찾아간 이곳은 커피 맛으로 입소문난 로스터리 카페 '원효로 커피'였다. 동양화가 홍지윤의 글씨체는 간판을 시작해 커피 봉투, 메뉴판까지 스며들어 있다. 커피향 은은히 풍기는 실내에는 작가의 대형 작품이 곳곳에 걸려 있었다. 이곳의 정체가 심히 궁금해졌다.

홍지윤 작가의 작품이 스민 곳

2008년, 용산구 원효로에 문을 연 로스터리 카페 '원효로 커피'를 보고 처음에는 "아니 이 생경한 자리에 카페라니?"라고 다들 의문스러워 했다고 한다. 그러나 그 사이 용산 일대가 개발되면서 사무직 인구와 거주하는 싱글 족이 늘어났고 확실한 문화 콘셉트를 가진 카페로 틈새시장 효과를 보면서, 문을 연 지 3년 만에 카페의 좌우 점포로까지 확장하며 승승장구하고 있다. 원효로 커피는 갤러리 카페라는 콘셉트보다 '로스터리 카페'라는 타이틀을 내세우고 있는데 이것은 직접 생두를 볶아 사용하는, 커피 맛에 좀 더 자부심을 가진 카페를 말한다.

"시어머니께서 의상실을 하시던 곳에 세를 주었는데 마침 그 자리가 비게 되었어요. 주변에 마땅한 동네 카페가 없기도 했고, 제 오랜 소망이 커피 맛 좋은 카페를 여는 것이어서 그 기회에 이곳에 들어오게 되었죠. 책도 읽고 그림도 감상할 수 있는 커피 맛 좋은 동네 카페가 되기를 바라면서요."

커피 로스터 정소윤 씨는 원효로 토박이다. 그래서 카페 이름도 소박하게 '원효로 커피집'이라고 붙였다. 카페 오픈에 가장 큰 도움을 준 이는 남편의 누나이자 주목받는 동양화가인 홍지윤 작가다. 소위 '퓨전 동양화가'라고도 불리는 그녀는 동양화에 현대적인 색채와 젊은 감각을 가미해 다양한 시도를 하는 작가로도 유명하다. 카페에 정기적으로 그녀의 대형 작품들을 교체하며 전시하고 작가의 창작 스튜디오 클래스 정보도 공지하는 등 커피 향 짙은 작은 갤러리로서의 역할도 톡톡히 해내고 있다. 특히 사진이나 동양화 위에 서예를 하듯 흘림체로 글씨를 써 내려간 그녀의 작품들을 손님들은 연신 카메라로 스케치하기 바쁘다.

촬영하는 동안 정소연 씨는 커피콩을 사러 온 외국인 고객부터 혼자 이곳을 찾아 개인 작업을 하는 사람들, 그리고 자연스럽게 인사를 나누는 단골고객까지 상대하랴 바삐 움직였다. 그녀가 꿈꾸던 대로 이미 동네 사람들 사이에서는 커피와 책, 그림이 있는 문화 아지트로 자리 잡은 듯 보였다.

CORNER 1

그림과 가구의 색감을 통일하다

과감한 꽃잎과 레터링이 어우러진 홍지윤 작가의 작품 아래에 그림 색감과 맞춘 빨간 의자를 매치했다. 작품 외에는 원목 가구 위주로 인테리어를 꾸몄는데 일부 코너만 작품의 색감에 맞춘 가구로 과하지 않게 포인트를 주었다.

CORNER 2

일러스트+캔버스 액자로 꾸미다

전문가에게 부탁해 카페 왼쪽 흰 파벽돌 벽면에 원효로 풍경을 그려 넣은 일러스트. 그 오른쪽 끝에 홍지윤 작가가 카페를 위해 디자인한 꽃 모티브 캔버스 액자를 걸어 입체감을 강조했다.

CORNER 3

스탠드와 사진을 매치하다

사다리형 선반 위에 빈티지 스탠드와 액자를 칸칸이 세팅했다. 그리고 스탠드 위에 자연스럽게 스냅사진 엽서를 툭 얹어 그림과 사진 코너를 연출했다.

CORNER 4

시와 그림이 있는 플로어를 만들다

최근 확장한 카페 공간의 바닥에는 홍지윤 작가가 직접 꽃 모티브를 그리고 그 위에 영시를 써 내려가며 장식했다. 톡톡 튀는 색감과 그 위에 흘려 쓴 글씨가 강렬해 단정한 카페 내부를 개성 있는 공간으로 탈바꿈시킨다.

SHOP INFO

위치 서울 용산구 원효로 1가 28-19 **영업시간** 오전 8시~오후 11시
메뉴 드립 커피류, 카페 라떼, 베이글과 샌드위치 **문의** 02-701-4477

7

레스토랑과 갤러리의 운치 있는 만남 | 충정각

충정로, 시청과 아현동 사이에 자리 잡은 이 동네는 한때 내가 살았던 곳이기도 하다. 당시 회사가 있던 시청과 걸어서 단 15분 거리라는 이유로 오피스텔을 얻었는데, 새로 들어선 오피스텔 빌딩들 뒤로는 도심 풍경과는 전혀 다른 꼬불꼬불 옛 골목들이 이어져 있어 놀랐던 기억이 난다. 이 꼬불꼬불한 골목은 지금 재개발 이슈로 들썩이지만 그 속에서도 굳건히 옛 건물의 정취를 지켜나가는 색다른 갤러리 레스토랑이 있어 눈길을 끈다.

식사를 하며 그림을 감상할 수 있는 곳

충정각은 약 100년 전 지어진 것으로 추측되는 근대 건축물에 이탈리안 레스토랑과 대안 공간 갤러리가 함께 둥지를 틀고 공존하는 색다른 공간이다. 약 1년 동안 이 동네에 살면서도 뒷골목 깊숙이 들어와 본 적이 없어서인지, 빌딩숲 사이로 나타난 담쟁이덩굴 가득한 100년 전 건물을 처음 마주하고는 깜짝 놀랐던 기억이 난다. 이국적인 외관과 세월의 흔적이 남아 있는 2층 다락 등 그 구조나 모양새가 마냥 신기했다. 그리고 이러한 구조와 어우러져 전시된 각종 미술 작품들이 동서양이 혼합된 이 공간을 더욱 돋보이게 만든다.

약 1910년대에 독일인 건축가에 의해 지어진 것으로 추정되는 이 건물은 유럽과 일본, 한국의 건축 기법이 함께 엿보이는 것이 특징인데, 1950년대 이후 가정집으로 쓰이다가 2007년 현재 이탈리아 레스토랑을 운영하는 문동수 대표가 보수해 새롭게 오픈했다고 한다. 외관이나 구조도 독특하지만 더 특이한 것은 이곳의 운영 시스템이다. 갤러리 겸 이탈리안 레스토랑인 이곳은 레스토랑 오너가 갤러리까지 관리하는 시스템이 아닌 레스토랑과 갤러리가 별개로 운영되는 체제이다. 그래서 레스토랑 경영은 문동수 대표가 맡고, 전시 기획이나 작가 선정, 전시 일정 등은 레스토랑 내 별도의 사무실에서 이은영 큐레이터에 의해 진행되는 방식이다.

충정각의 가장 큰 매력은 누가 뭐래도 역사적인 건물에서 음식을 먹으며 주목받는 현대 작가들의 작품을 감상할 수 있다는 것이다. 한두 달 주기로 전시 주제가 바뀌고는 하는데 동양화 전시이든 실험적인 미디어 아트나 사진 전시이든 충정각 고유의 분위기와 어우러지면서 예상치 못한 아우라가 뿜어져 나오고는 한다. 그만큼 이 근대 건물이 주는 존재감이 크다는 이야기일 것이다. 복잡한 도심 한가운데서 시간을 여행하며 작품까지 감상하고 싶다면 충정로 뒷길의 이 고즈넉한 장소를 한번 방문해 보는 것도 좋을 듯하다.

CORNER 1

창문 프레임에 맞추어 그림 걸기

4개의 프레임을 이루는 커다란 창 옆에 넉 점의 시리즈 작품을 위 아래로 두 점씩 걸었더니 마치 2개의 창이 있는 듯한 착시 효과가 난다. 왼쪽으로는 창밖 정원을 감상하고 오른쪽으로는 건반을 형상화한 추상화를 감상할 수 있다.

CORNER 2

프레임 안에 그림 걸기

레스토랑 내에 구획을 나누는 가벽 안쪽으로 강렬한 색채의 작품을 걸어 마치 큰 액자 안에 또 하나의 그림이 걸려 있는 듯 모던하지만 깊이 있게 연출했다.

CORNER 3

모빌화시킨 작품 감상하기

김선애의 작품 〈화장대〉(여성의 외모 지상주의를 비판하는 작품을 연출) 주변으로 말 달리는 사냥꾼들의 모빌이 자연스럽게 걸려 있다. 이것을 보면서 아이들이 그린 그림이나 브로슈어에서 발견한 작품 속 캐릭터를 이렇게 모빌처럼 연출해 보면 어떨까 하는 생각이 들었다.

SHOP INFO

위치 서울 서대문구 충정로 3가 360-22
영업시간 오전 11시~오후 6시
메뉴 파스타, 피자
문의 02-363-2093(대안 공간 갤러리)
02-313-0424(레스토랑)
홈페이지 www.chungjeonggak.com

INFORMATION
BASIC LESSONS FOR DECORATING ARTWORKS
그림 인테리어를 위한 기본 레슨

집에 그림이나 사진을 장식하려고 하면
막상 액자는 어떤 디자인으로 맞추어야 할지,
어디에 걸어야 좋을지 막연할 때가 많다.
그리고 생애 처음으로 그림을 사기로
마음먹었어도 어디서, 어떤 절차를 거쳐
구입해야 하는지 막연하기만 하다.
그림 초보가 가질 만한 여러 궁금증을
차곡차곡 정리해 보았다.

INFO 1.

액자에 대한 궁금증

미술 작품의 분위기를 좌지우지하고 집 전체 인테리어에도 큰 영향을 미치는 것이 바로 액자다.
액자 프레임의 소재, 모양, 특징 기본 장식 방법을 먼저 체크하면 그림 걸기가 조금 더 편해진다.

---

1 풀 액자 vs 매트 액자

액자 프레임 안쪽으로 사진이나 그림이 꼭 맞게 들어가는지 아니면 여백을 어느 정도 남기고 넣는지에 따라 풀 액자와 매트 액자로 나뉜다. 자신의 집 분위기나 그림에 따라 어울리는 액자를 선택하는 것이 중요하다.

1 / 풀 액자

액자 몰딩과 그림 사이에 어떤 여백도 없이 사진이나 그림 크기에 꼭 맞춰 프레임을 제작하는 액자. 몰딩의 분위기가 액자 전체의 느낌을 좌우하기도 하는데 미술 작품의 경우 클래식한 유화나 모던한 컨템퍼러리 사진 작품이 주로 매트 없는 풀 액자를 사용해 그 웅장함이나 모던함을 강조한다.

2 / 매트 액자

액자 내부의 몰딩과 그림 사이에 삽입되는 그림을 고정하는 매트를 넣은 액자. 원래 용도는 도톰한 매트를 삽입해 그림이나 사진이 유리 액자에 닿는 것을 막고 습기를 흡수해 작품을 잘 보존하기 위한 것이었으나 최근 들어서는 작품에 시선을 집중시키는 데커레이션 용도로 더 즐겨 쓴다. 일반적으로 폭이 3cm 이상 넓은 매트를 써야 안정감을 줄 수 있다.

1. 매트 모양에 따라

매트 모양은 액자의 인상을 좌우한다고도 할 수 있다. 그리고 작품의 집중도도 매트 모양에 따라 달라질 수 있다.

스퀘어 컷 매트 기본이 되는 사각 여백의 매트 액자. 가장 무난하게 사용되는 매트 프레임이다.

라운드 컷 매트 사각형 대신 원형이나 타원형 모양의 여백을 준 매트 액자. 동양화나 클래식한 인물화에 매치해 집중도를 높인다.

2. 비율에 따라

여백을 가장자리에 일관성 있게 비워 작품을 한가운데 오도록 할 수도 있고, 아니면 모서리나 위아래 중 한쪽으로 몰아 디자인적 요소를 강조할 수도 있다.

대칭 매트 액자 비율에 맞춰 한가운데 구멍이 뚫린, 네 면을 따라 일정한 너비의 여백을 가진 액자. 3cm 폭의 기본 매트부터 스냅사진 크기의 그림 가장자리를 모두 여백으로 처리할 정도로 너비 15cm 이상의 넓은 매트 액자까지 다양하다.
너비가 좁은 매트는 그림을 몰딩과 분리시켜 깔끔하게 만들고 너비가 넓은 매트는 작은 작품에 대한 집중도를 높인다.

비대칭 매트 매트의 가운데 공백 부분이 액자의 한가운데가 아니라 위나 아래, 왼쪽이나 오른쪽에 치우쳐 있는 액자.
주로 사진 작품을 액자로 맞출 때 위로 치우친 비대칭 매칭 액자를 많이 활용한다.

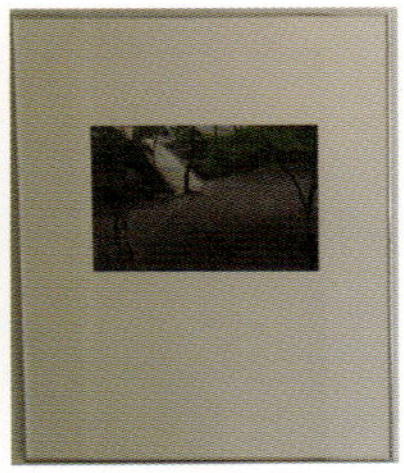

2 액자 뒷면 처리

내용물 교체 가능한 시판 액자와는 달리, 작품 액자는 작품을 보호하기 위해 액자 뒷면에 합판을 덧대고 종이테이프로 깔끔하게 사방을 마감해 고정되어 있다. 고리가 아닌 와이어 걸이를 사용하는 것도 액자 프레임에 흠집을 내지 않고 액자 양쪽에 힘을 고루 받아 단단하게 지탱하기 위해서다. 작품의 액자를 교체하고 싶을 때는 전문 표구상에 가도록.

3 다양한 액자 프레임

액자 프레임은 작품을 더 돋보이게 만들고 집 안의 인테리어를 더욱 강조하는 역할을 한다. 물론, 작품의 주제나 내용에 따라 프레임을 신중하게 택해야 그림도 더욱 빛난다.

1/ 소재에 따라

원목은 따뜻하고 자연스러움을, 철제 프레임은 차가운 느낌을, 아크릴은 부피감이 덜하면서도 모던하고 가벼운 분위기를 연출할 수 있다.

1. 원목 프레임

가장 기본적인 액자 프레임. 메이플류의 옅은 원목은 자연스러운 분위기를 연출하고 월넛류의 짙은 원목은 클래식한 분위기를 강조한다.

2. 철제 프레임

철제나 알루미늄 프레임은 현대적이고 세련된 느낌을 강조한다. 블랙 컬러나 실버, 골드 컬러가 가장 일반적이다.

3. 아크릴 프레임

부피감이 있는 깔끔한 투명 프레임. 작가의 캔버스 작품을 아크릴로 다시 표구하거나 섬유공예나 부조의 작품의 입체미를 살리고자 할 때 많이 쓰인다.

2/ 몰딩에 따라

몰딩은 특정 문양으로 장식된 액자 프레임의 모양을 지칭한다.
이 모양에 따라 프레임의 소재가 더 부각되기도 하고 그림의 이미지가 더 잘 강조되기도 한다.

1. 민자 몰딩 프레임

민무늬의 기본 몰딩. 두께나 컬러에 따라서 그 느낌이 매우 달라지나 전반적으로 깔끔해 삽화, 사진, 컨템퍼러리 아트에 즐겨 쓴다.

2. 클래식 몰딩 프레임

클래식한 유화와 가장 흔하게 매치하는 파도가 넘실대는 듯한 입체적인 곡선 몰딩. 주로 5cm 이상의 너비로 사용해 그림에 힘을 싣는다.

3. 꼬임 몰딩 프레임

반복적으로 잔잔한 꼬임무늬가 들어간 몰딩. 골드와 실버 컬러가 주를 이룬다. 1~2cm 정도로 얇은 너비가 가장 세련되어 보인다.

4 액자를 장식하는 기본 방법

그림의 분위기에 따라 또는 집안의 여건에 따라 그림을 장식하는 방법은 크게 네 가지로 나눌 수 있다. 단정하게 벽에 거는 방법부터, 못을 박기 꺼려질 때는 바닥이나 콘솔 위에 올려 장식하는 방법도 있다.

1 / 못 박아 걸기

액자 무게를 지지하면서도 깔끔하게 그림을 거는 가장 기본적인 방법. 전기드릴로 벽에 고정 블록(칼집이라고도 불림)을 먼저 박고 그 안에 나사못을 박아 고정한다. 사전에 액자 뒷면이 고리인지 와이어 형태인지 확인하고 못 박을 위치를 연필로 표시해두어야 1~2cm의 오차도 나지 않는다.

2 / 갤러리 레일+벽체용 걸이로 걸기

갤러리 레일을 천장에 매립해 벽체용 걸이를 레일에 고정하는 방법. 벽체용 걸이에 그림을 걸어 높이와 좌우 위치도 조절 가능하다.
천장에 바로 부착하는 단독 와이어 걸이도 있으나 좌우 위치 조절은 불가능하다. 그림을 자주 바꾸어 다는 집에 유리하며 가로로 내려오는 와이어 선 때문에 취향에 따라 호불호가 갈리는 방법.

3 / 콘솔&선반에 얹기

벽에 못 박는 것을 피하면서 소품과 매치해 장식 코너를 연출할 때 좋은 방법. 콘솔이나 수납장 중심에 액자를 두면 흡입력이 강해지고, 한쪽으로 치우쳐 비대칭으로 두면 세련된 느낌이 강조된다.
선반 위에는 일정 간격을 두고 정갈하게 장식하거나 프레임을 서로 겹쳐가며 빈티지한 분위기로 연출한다.

4 / 바닥에 내려 두기

벽에 못을 박기 싫을 때 캐주얼하게 그림을 장식하는 좋은 방법. 소파 맞은편처럼 앉아서 오래 바라보는 곳이 아닌, 복도나 침대 발치나 옆면처럼 스쳐 지나가는 연출하는 것이 좋다.
대형 액자를 기대어 둘 때는 무게를 지탱할 수 있는 고정용 스토퍼를 액자 가운데나 양쪽에 설치한다.

INFO 2.

그림 장식할 때 궁금한 몇 가지

지난 몇 달 동안 디자이너, 미술 애호가 그리고 큐레이터들을 만나며 유익한 조언과 아이디어를 얻을 수 있었다.
많은 이들은 '거실에 어떤 그림, 침실에는 어떤 그림'하는 식으로 공간-그림을 짜 맞추는 시대는 지나갔다고 말했다.
어느 장소에 어떤 주제와 색감의 그림을 거느냐는 개인의 취향 문제다. 단, 그림의 개수나 크기의 비율, 벽에 거는 노하우 등은 전문가의 말을 귀담아 들을 필요가 있다.
그들이 알려 주는 몇 가지 팁과 인테리어 학교에서 배운 그림 걸기 원칙과 주의점을 간략하게 정리했다.

1 벽에 그림을 거는 10가지 팁

못을 박거나 갤러리 레일과 후크로 그림을 고정하는 것이 간단해 보이지만 편안하게 그림을 감상하고 인테리어도 살리기 위해서는 알아두어야 할 몇 가지 사항이 있다.

1/ 그림은 눈높이에 거는 것이 기본이다

그림 한 점을 걸 때는 그 작품의 한가운데에 바라보는 이의 시선이 닿도록 거는 것이 기본이다. 여러 개의 그림 액자를 다양하게 함께 걸 때는 그 중심에 오는 액자를 바라보는 이의 시선과 맞춘다.

2/ 액자를 여러 개 걸 때는 한 개의 큰 프레임 안에서 생각한다

여러 개의 액자를 걸 때 그 전체 모양이 예쁘지 않다면 중구난방으로 너무 퍼지게 걸었기 때문이다. 액자 한 개를 먼저 걸고 그 액자를 중심으로 또 사각형 틀이 있다고 생각한다. 그러면 액자들 사이에 간격을 두고 달아도 구심점이 생긴다. 물론, 그 사각형 가장자리를 꼭 다 채울 필요는 없이 변칙적으로 여백을 남긴다.

3 / 액자의 크기는 벽의 크기에 비례하는 것을 선택한다

현관이나 주방의 좁은 벽, 소파 뒤나 침대 헤드 위처럼 넓은 벽 등 넓은 벽에는 적당히 넓은 면적으로, 벽이 좁으면 면적이 좁게 설정해 액자를 건다. 예를 들어 소파 뒤 벽은 전지 크기 면적, 현관 벽은 B4 크기 면적처럼 말이다.
이 면적 안에서 꽉 채운 액자를 1개 걸든, 작은 액자 4개로 면적으로 채우든 그것은 상관없다. 물론, 고수들은 침대 벽면에 여백을 살려 조그만 액자를 거는 등 다양한 응용이 가능하나 그림 초보는 이 원칙을 참고하는 것이 유용하다.

4 / 액자 크기로 종이를 오려 배열해 본다

액자를 잡고 아무리 씨름해도 답이 안 나올 때는 다음의 방법을 참고하자. 첫째, A4지를 여러 장 준비해 액자 프레임째 놓고 연필로 액자 가장자리를 그대로 그린다. 모든 액자를 같은 방법으로 바깥 라인만 따라 그린 다음 이대로 오려 액자를 걸 벽에 테이프로 붙여 가며 마음에 드는 구성이 나올 때까지 계속 위치를 맞추어 본다. 그 다음 최종 결정한 자리 위에 진짜 액자를 차례로 걸면 된다. 두 번째 방법은 이와 반대다. 전지를 바닥에 깔고 위에 실물 액자를 놓고 마음에 드는 배열을 찾아 이리저리 위치를 바꿔 본다. 원하는 배열을 찾았으면 액자 위치는 그대로 두고 연필로 액자 프레임 가장자리를 그린다. 전지에서 이 라인만 칼로 잘라 원하는 벽에 테이프로 고정한 뒤 빈자리에 액자를 건다.

5/ 컬러 포인트 벽지 대신 컬러 매트를 끼운다

멋진 영화나 드라마 세트장을 보면 다크한 카키, 네이비 벽면에 레드, 오렌지 색감의 그림을 매치하거나 원색 포인트 벽지에 보색 대비 이루는 그림을 거는 과감한 시도가 많다. 보기에는 쉬워 보이지만 웬만한 내공으로는 세련된 색감을 찾기 힘들어 집 전체가 아주 촌스러워질 위험이 있다.
그래도 색상 대비 효과를 내고 싶을 때는 흰색 벽에 그림과 보색 대비 이루는 컬러 매트 액자를 걸거나, 컬러 벽지에 이와 상반되는 색상의 컬러 매트로 교체한 액자를 건다.

6/ 침대 헤드 위를 가볍게 장식한다

우리나라 사람들은 유독 침대 헤드 위에 못질하는 것을 꺼린다. 그림을 잘 못 걸면 침대에 앉았을 때 머리에 그림이 닿는 경우도 있고, 자는 동안 액자가 떨어질까 불안하기 때문이다. 그러나 침실에 그림을 걸어 가장 큰 변화를 줄 수 있는 벽도 바로 이 헤드 윗부분이다.
이럴 때는 벽과 침대 간격을 5cm 정도 띄워 누웠을 때 그림 바로 밑면이 보이지 않게 해 불안감을 없앤다. 또는 염색 작품이나 이국적인 패턴의 패브릭, 디자인 모빌 등의 가벼운 장식물로 대신하는 것도 방법이다.

7/ 소품이 많은 집은 큰 액자를 건다

10~20평대면 그림 액자도 무조건 작게 걸어야 집이 넓어 보일 것 같지만 인테리어 스타일에 따라 다소 다르다.
자잘한 소품으로 포인트 주기 좋아하는 사람이라면 소파 뒤 또는 콘솔 위같이 시선이 집중되는 부분에는 큰 그림을 활용해야 집에 안정감이 생기고 집중도도 높아진다.

8/ 직접 찍은 사진&그림은 매트 액자에 넣는다

전문 화가나 포토그래퍼는 구도를 잡는 감각이 탁월해 찍으면 그 프레임 자체가 예술이지만, 일반인은 구도가 불안정하거나 지루한 경우가 많다. 이때 새로운 구도를 덧입힐 수 있는 것이 색다른 방법이 바로 액자의 '매트'다.
단순하게는 얇은 매트만 액자에 끼워 넣어도 그림이 한결 돋보인다. 조금 더 적극적으로 활용하고 싶다면 매트용으로 쓸 두꺼운 아트지를 액자 크기로 잘라 준비한다. 사진 중 트리밍 하고 싶은 특정 부분의 크기를 재어 아트지에 대고 그 크기만큼 매트를 오려 낸다.

9/ 원하는 분위기에 따라 선을 정리한다

액자 2개의 위아래를 맞춰 간격을 일정하게 걸면 차분하고 평화로운 무드(때로는 다소 보수적으로 보인다)가 연출된다.
이와 반대로 경쾌하고 캐주얼한 분위기를 연출하고 싶을 때는 액자 2개의 높이를 5cm 정도 어긋나게 해서 달거나 아예 공간의 한쪽으로 몰아 세로로 나란히 걸어 공간을 비대칭으로 만들면 집중도가 높아지면서 경쾌한 분위기가 풍긴다.

10/ 벽에 있는 장애물을 액자처럼 표현한다

벽에 걸린 에어컨, 두꺼비집, 인터폰 등은 뜯어낼 수도 없고 가리는 것도 힘들다. 이때는 그 장애물을 몇 개의 액자 중 미리 하나 걸어 둔 액자라고 생각한다. 그런 다음 다른 여러 액자를 배치해 나가 보기 싫은 장애물을 눈에 덜 띄게 만들거나 아예 의도한 인테리어처럼 강조한다.

2 그림 장식 전, 알아두기

그림을 본격적으로 벽에 걸기 전에 벽이나 액자 고리 등을 꼼꼼하게 확인해야 집에 흠집 내지 않고 오래도록 안정되게 그림을 걸어 둘 수 있다.

1 / 벽을 마른 수건으로 닦고 습기를 없앤다

액자를 걸거나 기대어 놓을 벽은 벽지 벗겨진 부분이 없는지 음식 조리 때문에 끈적끈적하지는 않은지 확인한다. 이런 벽에 그림을 오래 걸어 두면 액자가 벽에 조금씩 달라붙어 그 부분만 변색되기도 하고, 끈적거리는 벽에서 떼어내다 벽지가 벗겨진 부분이 오히려 더 크게 뜯기게 된다.
우선 물티슈로 가볍게 벽지 위를 닦고 다른 걸레로 한 번 더 꼼꼼하게 닦는다.

2 / 액자 뒷면 모서리마다 지점토나 스티로폼 조각을 끼운다

액자를 벽과 간격을 두어 거는 이유는 두 가지다. 첫째, 벽에 딱 붙은 액자에 좀 더 입체감을 주어 돋보이게 하기 위해서 둘째, 혹시나 액자 모서리의 날카로운 부분이 벽지를 상하지 않게 하기 위해서다.

3 / 고리용 와이어를 조인다

작품 액자의 뒷면은 액자 옆면을 가로지르는 와이어 한 줄이 고리 역할을 한다. 그런데 이 와이어가 너무 느슨하면 액자를 달 위치를 정해도 늘어진 와이어 길이 때문에 항상 의도했던 위치보다 2~5cm 아래쪽에 걸게 된다.
이런 실수를 없애려면 와이어를 돌돌 감아 조여 단단하게 만든다.

4 / 와이어 가운데에 에어 비닐이나 천을 잘라 돌돌 감아 둔다

작품 액자는 걸기가 까다롭다. 와이어는 너무 액자 가까이 달려 있고, 걸어야 할 못은 짧고, 뒷면까지 보이지 않으니 말이다.
이때 와이어 가운데에 에어비닐이나 리본 테이프를 몇 번 돌돌 감아 입체감을 주면 정면에서 손쉽게 못을 중심으로 액자를 오르내리면서 단번에 액자를 걸 수 있다.

5 / 못이나 접착제의 무게 중량을 확인한다

묵직한 몰딩 액자나 대형 액자를 걸기 전에는 사용할 못이나 와이어, 매직 픽스 같은 고무 석고형 접착제 등이 충분히 그림 무게를 버틸 수 있는지 확인한다.
하루 전에 못이나 접착제, 와이어 등을 벽의 아주 낮은 곳에 미리 달아 시범적으로 하루 정도 걸어 둔다.

3 좁은 평수, 그림으로 공간 확장하기

리노베이션 공사나 가구 배치를 통해서 집을 실제보다 넓어 보이게 꾸미듯이, 그림을 통해서도 좀 더 넓게 보이는 착시 효과를 낼 수 있다.

1/ 풍경화는 좁은 방에 창문 역할을 한다

바다나 산, 들판 아니면 도시의 전경 등 다양한 테마의 풍경화는 그림 속 탁 트인 공간 덕분에 실내 공간까지 그 느낌이 대칭되듯 전해져 심리적으로 넓게 느낀다. 또한 잠재의식 속에서 풍경화 액자 프레임 자체를 창으로 인식하면서 실제 창밖을 내다보는 듯한 시각적 효과도 얻을 수 있다. 그래서 좁고 갑갑한 방에는 풍경화를 걸면 좋다.

'풍경화' 테마라고 하면 클래식한 유화가 떠오르지만 아주 매트하고 모던한 유화, 사진, 퓨전 동양화, 판화 등 그 장르는 상관없다.

2/ 좁은 벽면에는 입체적인 구도의 작품을 건다

방처럼 널찍한 공간이 아니라 현관이나 방과 방 사이의 벽처럼 벽 너비 자체가 좁거나, 주방 테이블과 벽 사이처럼 가구와 벽 사이 간격이 좁은 코너에는 3차원의 입체적인 구도 작품을 고른다. 그림 속 공간에 또 다른 긴 복도가 있는 것 마냥 현재 공간과 연계되는 듯이 인식되어 그림이 없을 때보다 넓게 느껴진다.

3 / 액자를 가로로 배열하면 공간이 넓어 보인다

거실이나 아이 방이 좁다면 소파 뒤나 아이 방 벽면에 한 줄로 액자를 평행선처럼 연속해서 5개 이상 쭉 붙여 나간다.

이렇게 길게 걸면 시선이 액자가 끝난 지점까지 닿아 실제보다 넓어 보인다. 단, 액자의 간격이 동일해야 해야 효과가 크다.

4 / 액자를 세로로 나란히 걸면 천장이 높아 보인다

단독 주택 중에서도 유독 천장이 낮은 곳이 있다. 이럴 때는 세로 프레임의 액자를 세로로 2개 정도 나란히 걸면 시선이 위아래로 쏠리기 때문에 실제 천장보다 높아 보인다. 이때 액자를 눈높이보다 조금 올려 달아도 좋다.

5 / 침실에 거는 그림의 컬러와 패턴을 응용한다

침실에 걸어 둔 그림과 비슷한 패턴의 쿠션을 세팅한다든지 비슷한 색감의 침구를 사용하는 것이 좋다.

시선이 그림에서 끊기지 않고 자연스럽게 침대까지 이어지면서 침실의 공간미가 강조된다.

INFO 3.

그림 구입을 위한 A to Z

갤러리도 가끔 들르고 인테리어에 관심도 많은데 유독 그림 사는 건 처음이라면?
생애 첫 그림을 구입하는 이들을 위한 갤러리 vs 그림 경매 통한 꼼꼼한 구입 가이드.

1 갤러리에서 그림 구입할 때

주말에 산책 겸 나들이로 갤러리에 놀러 가는 일은 꽤 일상적인 문화생활로 자리를 잡았지만 막상 갤러리에서 그림을 구입하는 일은 아직도 어렵고 난감하게 느껴진다. 갤러리에서 그림을 구입할 때 알아 두어야 할 점과 그 과정들을 자세히 소개한다.

1/ 구입 전

· 그림의 기본 단위 '호'에 대해 알아 둔다
'이 그림은 5호 크기다'라는 식으로 그림의 크기를 나타낼 때 쓴다. 갤러리에서는 cm 단위로 작품 수를 표기하지만 구두 상으로 대화를 나눌 때나 관례적으로는 '호'를 더 많이 사용한다.
일반적으로 1호는 22cm x 15cm 정도의 크기로, 호수가 높아질수록 비례해 커지는 것은 아니다. 10호는 1호의 3배 정도 크기이며, 호수가 올라갈수록 가로 세로 2~3cm 정도 커진다고 생각하면 가장 쉽다.

· 그림은 대부분 호당 가격으로 책정된다
20호 이하의 그림은 일반적으로 '호당 00만원' 하는 식으로 잠정 가격이 책정되어 있다. 기본적으로 그림이 커지면 가격도 오른다. 이제 막 미대를 졸업한 신진 작가들은 호당 5만원대부터 시작하기도 하고 주목 받는 유망주일 경우 호당 15~30만 원대, 대가의 작품일 경우에는 호와 관계없이 기하급수적으로 가격대가 높아진다. 그러나 이런 모든 가격은 시장 상황에 따라 달라지므로 구체적인 가격대는 갤러리에 직접 문의하는 것이 좋다.

· 판화나 사진, 소품용 작은 그림부터 시작한다
초보라면 판화나 사진, 소품용 그림이라 불리는 3호 정도로 시작하는 것이 좋다. 판화와 사진은 통상적으로 유화보다 가격대가 낮기 때문에 부담이 덜하다.

· 갤러리에 가면 이메일 주소를 남긴다
크고 작은 갤러리에는 입구나 안내 데스크 앞에 언제나 방명록이 마련되어 있다. 주말에 갤러리 산책을 나섰다면 그냥 지나치지 말고 꼭 이메일 주소를 남긴다. 갤러리의 새로운 전시, 작가 오프닝 일시, 아트 페어 일정 등 유용한 정보를 받아 볼 수 있다.

2/ 작품 선정할 때

· 큐레이터에게 질문을 하며 안면을 익힌다
큐레이터는 기쁜 마음으로 작품에 대해 설명할 준비를 갖춘 사람이다. 촬영 때 만난 큐레이터들이 한결같이 하는 말이 작품 설명 준비를 열심히 하는데 손님들이 질문을 꺼려해 아쉽다는 것이었다. 작품에 대한 설명부터 작가에 대한 정보까지, 자세히 물어는 것이 좋다. 질문을 하며 갤러리의 큐레이터와 안면을 익힌 뒤 지속적으로 찾아가서 가볍게 인사를 하면 그림을 구입할 때도 편의를 봐 주는 경우가 종종 있다.

2 / 작품 선정할 때

· 가격 문의는 무례한 것이 아니라 당연한 것이다
갤러리는 그림을 감상하고 판매하는 것이 목적인 장소이기 때문에 가격을 묻는데 주저할 필요가 없다. 대신 가격과 함께 작품에 관련된 질문도 하며 정보를 구하는 것이 기본 매너다. 갤러리 직원들도 손님이 가격을 물어본다고 해서 당장 구입할 거란 기대는 하지 않고, 전혀 불쾌하게 여기지 않는다.
"이 작가의 작품은 호당 얼마인가요?"라고 스스럼없이 물어보도록.

· 아트 페어 마지막 날을 노린다
많은 갤러리들이 아트 페어에 참가한다. 관계자들에 따르면 아트 페어 마지막 날은 가격대를 조금 낮추더라도 판매하고 싶은 묘한 심리가 있다고 한다. 페어 기간 동안 그림을 점찍어 두고 안면을 익힌 다음, 마지막 날 구입하면 약간의 흥정이 가능할 수도 있다.

· 오프닝 전시에 참가해 작가와 대화를 나눈다
갤러리에서 작가 오프닝 파티에 관한 이메일을 받았다면 적극적으로 참가해 보자. 작가와 만나는 자리는 그 작가의 작품을 더 깊이 이해할 수 있는 좋은 기회이며 작가들도 자신의 작품에 대해 질문 받는 것을 반기고 고마워한다. 그 작가의 작품에 진지하게 관심이 있다면 이 점을 부드럽게 어필해도 좋다.

· 한 번에 결정하기보다 여러 번 들러 그림의 느낌을 감상한다
한 번에 그림을 살 생각은 하지 말아야 한다. 그날의 감정 상태나 시간대, 당일 갤러리의 분위기에 따라 그림이 다르게 보일 수도 있기 때문이다. 이사 갈 집을 다른 시간대에 몇 번 보러 가듯 그림도 여러 번 보고 나서 그래도 마음에 남으면 구입을 결심한다.

3 / 작품 계산할 때

· 갤러리에 따라 카드 결제도 가능하다
작품을 구입할 때 현금으로 계산하는 방법도 있지만 갤러리에 따라서는(안면이 어느 정도 있을 경우) 선금을 걸고 나머지를 후에 지불하는 방법도 있다. 갤러리에 따라 카드 결제가 가능한 곳도 많다. 구입하기 직전에 이 점에 관해서 명확하게 이야기를 나누고 결제 방법을 정한다.

· 액자와 배달 여부에 대해 물어본다
작가가 의도적으로 고른 액자에 담긴 작품이 있는가 하면, 캔버스 그대로 전시된 작품도 있다. 액자 표구가 되어 있지 않은 경우에는 표구 여부에 대해 문의한다. 작품과 매치된 액자가 마음에 들지 않는 경우, 갤러리에서 전문 표구점을 소개받아 바로 보내어 집으로 받을 수도 있고 개인적으로 따로 맡겨도 된다.
호수가 큰 작품이라면 배달비는 따로 계산하는지 무료 배송을 해주는지도 꼼꼼하게 확인한다.

· 작품 보증서와 사인을 확인한다
작가의 사인은 '진품'을 뜻하는 작가의 표시이므로 매우 중요하다. 작품 구입할 때 이를 다시 한 번 확인한다. 결제를 마치면 작가와 작품 설명, 가격대, 크기, 그리고 갤러리 이름이 쓰인 작품 보증서를 받게 된다.
판화나 사진이라면 몇 작품 정도 만들어졌는지 에디션 넘버를 확인하고 증서를 챙긴다. 나중에 경매나 갤러리를 통해 다시 팔 때를 대비해 잘 보관한다.

2 그림 경매를 통해 구입할 때

그림 경매의 가장 큰 장점은 갤러리 가격보다 다소 저렴하게 구입할 수 있다는 것이다. 그리고 경매 과정을 통해서 주목받는 작가들과 그림의 가격대에 대해서도 많은 정보를 얻을 수 있다. 미술품 경매 회사의 현장에서 이루어지는 경매부터 요즘 각광받는 온라인 경매까지 자세히 알아보자.

1/ 경매 전

· 그림 경매 사이트에 회원 가입한다

K옥션(www.k-auction.com)과 서울옥션(www.seoulauction.com) 등과 같은 대표적인 미술품 경매회사는 회원제로 운영된다. 준회원은 무료 가입 회원으로 웹사이트 상에서 이루어지는 온라인 경매 응찰 자격이 주어진다. 정회원은 월 회비 10만 원을 내고 가입해야 하는데, 현장 경매 응찰 가격이 주어지고 각종 안내문과 도록을 무료로 받을 수 있으며 옥션 회사 내의 각종 경매 행사에 참여 기회가 주어진다.

· 경매 용어를 미리 파악한다

경매에 사용되는 간단한 용어를 알아 둔다. '응찰자'는 말 그대로 미술품을 구매하려는 사람이고 '위탁자'는 작품을 팔려고 내놓은 사람, '패들'은 구입 의사를 알리기 위해 드는 표지판을 말한다. '응찰'은 경매 도중 경매사가 부르는 가격 맞춰 패들을 들어 구매할 의사를 표시하는 행동을 지칭한다. 가격에 관한 표현도 다양한데 '추정가'는 경매 회사가 경매를 위해 내놓는 대략의 가이드라인 가격이고 '내정가'는 위탁자와 경매 회사 간에 '이 정도 되어야 판매하겠다'고 사전에 비공개로 협의한 최저 낙찰 가격이다. '낙찰가'는 말 그대로 경매 당시 최종 낙찰된 가격이며, '판매가'는 낙찰가에 구매 수수료와 부가가치세가 더해진 가격이다.

· 프리뷰 전시를 관람한다

프리뷰 전시란 경매 일시가 공지된 후, 경매 전에 미리 작품을 실물로 보고 그 상태를 파악하기 위한 전시이다. 작품의 색감이나 크기 그리고 보존 상태 여부 등을 꼼꼼하게 확인할 수 있다.

2 / 현장 경매할 때

· 미리 자신의 최고 가격대를 정하고 시작한다

경매사가 가격을 부르고 그 가격에 응찰을 원할 때 패들을 든다. 서서히 경쟁이 붙으면서 가격대가 오른다. 이때 경쟁에 치우쳐 자신의 예상 금액을 넘어서는 안 된다. 처음 경매장에 들어 설 때 자신의 최고가를 미리 정하고 그 가격이 넘으면 깔끔하게 다음을 기약한다. 아무래도 현장 경매는 고가의 미술품 거래가 많지만 한번쯤 직접 현장의 분위기를 경험하면 그림 경매에 큰 공부가 된다.

· 선착순으로 좌석 표와 패들을 받는다

현장 경매란 경매회사로 나가서 직접 경매에 참여하는 것을 말한다. 경매 날짜가 고지되면 참여 신청을 하고, 당일 경매회사에서 선착순으로 좌석 표와 패들을 받는다. 대리인과 통화해 참여하는 전화 경매, 미리 지정 가격을 써내는 서면 경매도 있다.

3 / 온라인 경매할 때

· 신진 작가, 유망 작가의 온라인 경매는 문턱이 낮다

온라인 경매는 경매회사의 웹사이트에서 공지 후 온라인상에서 약 일주일간 이루어지는 미술품 경매를 말한다. 그림 경매를 대중화하려는 노력의 일환으로 만들어진 장으로, 현장 경매는 화제가 되는 거장들의 작품이 많은 반면, 온라인 경매는 10만~300만 원대까지 상대적으로 초보도 구입해 볼 만한 작품들이 많아 적극 추천한다.

인터넷으로 클릭하는 방식이라 부담도 덜하다. 경매 회사마다 홈페이지에서 공지 후 1년에 8회 정도 진행하며 자세한 일정은 각 미술품 경매 회사의 홈페이지에서 확인한다.

· 인기 그림 살피며 작가와 가격 정보를 얻는다

웹사이트 내에서 저가별, 고가별 가격대를 검색할 수 있고 어떤 작품이 인기가 많은지 그 인기도까지 확인할 수 있다. 때문에 검색을 자주 해보는 것도 화가나 그림 가격 공부에 도움이 된다. 온라인상에서 작품별로 실시간 낙찰가(확인 시간 당시의 최고 낙찰가)를 확인할 수 있는데, '응찰하기'를 클릭해 원하는 가격을 그때그때 기입하거나, '자동 응찰하기'를 눌러 일정 가격을 기입해 그 가격에 달할 때까지 자동 응찰되도록 설정해 놓을 수도 있다. 경매 마감일이 지나 만약 낙찰자로 결정되면 그 결과를 통보받게 된다.

4 / 작품 계산할 때

· 낙찰 작품은 7일 이내 지불하고 수령한다

현장 경매는 낙찰 당일에 낙찰 양식을 기재하게 된다. 그런 다음 총 금액(낙찰 가격+낙찰가의 10%에 해당하는 구매 수수료+별도의 부가세)을 7일 이내 지불한다. 만약 7일 내 결제하지 않으면 지연된 날짜만큼 지연 배상금을 내야 하므로 주의할 것. 온라인 경매에서 낙찰 받은 작품은 온라인 사이트상에서 7일 이내 결제하면 작품을 택배로 받게 된다.

· 환불은 원칙적으로 불가능하다

경매의 특성상 환불이 불가능하다. 그렇기 때문에 경매 구입은 작품을 선정하고 가격을 선정할 때 더욱 신중해야 한다. 만약 예기치 못할 사정으로 환불해야 할 경우에는 7일 안에 서면으로 반품 의사를 제출하고 낙찰 가격의 30% 수수료를 지불해야 한다.

자료 협조: K옥션, 서울 옥션

그림 감상부터 구입까지 한 번에! 국내 4대 아트 페어

아시아프 ASYAAF
젊은 미술학도들의 예술 축제 ASYAAF(Asian Students and Young Artist Art Festival)는 조선일보와 문화체육관광부의 지원으로 매년 여름(7~8월)에 개최된다. 올여름에는 4회 아시아프가 홍대 현대미술관에서 열렸다. 도전정신 넘치고 재기발랄한 작품이 특히 많은 것이 특징이다.
홈페이지 asyaaf.chosun.com

키아프 KIAF
사단법인 한국화랑협회의 주체로 2002년에 시작해 우리나라의 대표 아트페어로 자리잡은 한국 국제 아트 페어(Korean International Art Fair). 매년 가을, 국내 대표 화랑들이 대거 참여해 쟁쟁한 작가들의 작품을 한 번에 감상할 수 있는 좋은 기회다. 올해는 9월 말 코엑스에서 열렸다.
홈페이지 www.kiaf.org

서울포토 SEOUL PHOTO
2006년 시작된 아시아 최초의 사진 전문 아트 페어. 회화 중심에서 벗어나 국내외의 새로운 사진 작품을 볼 수 있는 축제로 국내외 사진 거장들의 작품부터 신진 작가들의 작품까지 고루 감상할 수 있는데, 올해에는 4월 말 코엑스에서 개최되었다. 아시아 사진작가들이 한데 모이는 자리이기도 하다.

아시아 탑 갤러리 호텔 아트페어 AHAF
서울, 도쿄, 홍콩 등의 주요 갤러리들이 참가해 아시아의 호텔을 순회하며 열리는 아트 페어. 아시아 현대 미술을 '호텔'이라는 독특한 공간에서 즐기고 감상할 수 있다. 8월 중순 하이얏트 호텔에서 열린 이 페어에는 4백 명의 작가의 작품 4천여 점이 전시되었다.
홈페이지 www.hotelartfair.kr

INFO 4.

갤러리 추천! 집에 들이기 좋은 그림

서울 시내 4개의 갤러리에 처음 구입하는 사람들을 위한 추천 그림 리스트를 의뢰했다.
작가, 그림 풍, 가격대까지 엄선해 고른 4백만 원대 이하의 그림 구경.

GALLERY INFO

갤러리 팔레 드 서울

2010년 1월, 경복궁 서촌이라 불리는 통의동에 개관하여 회화, 사진, 영상, 바디페인팅 그리고 유리조형까지 다양한 장르의 전시를 아우르는 갤러리. 약 400평 규모로 지하 1층부터 지상 3층까지 총 7개의 전시장과 1층의 아트숍, 옥상 정원이 마련되어 있다. 각 층의 창문을 통해 고즈넉한 통의동 풍경과 경복궁 앞마당까지 내려다 보이는 옥상 정원 등 멋진 풍경으로도 유명한 곳.

위치 서울 종로구 통의동 6번지 **영업시간** 오전 10시~오후 7시(휴관일 없음)
문의 02-730-7707 **홈페이지** www.palaisdeseoul.net

김종렬, Smoke 124.5x227cm, 종이에 목탄화와 나무, 2004년, 150만원

이경림, **우리 동네** 30x32cm, 캔버스에 혼합 재료, 2010년, 120만원

함영훈, The Moment Of Thinking 91x116.8cm, 캔버스에 아크릴, 2010년, 350만원

강은수, Escape 50x65.2cm, 캔버스에 실크스크린, 2011년, 75만원

민준기, 무제 24.3x33.3cm, 캔버스와 혼합 재료, 2011년, 30만원

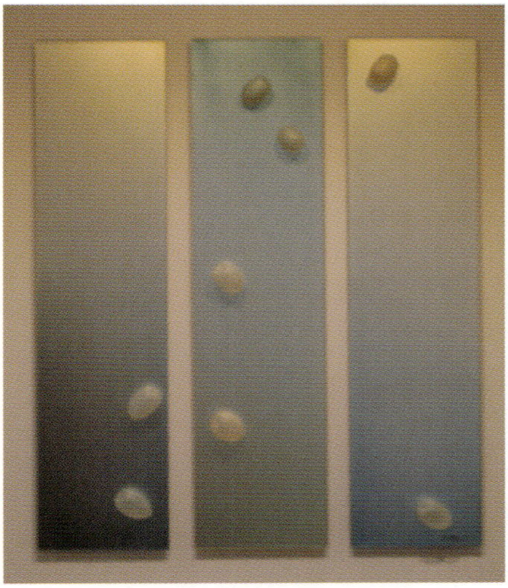

이규홍, Volumes In Nature-04 50x50cm, 캔버스에 혼합 재료, 2010년, 150만원

변내리 , Something In The Air 30x30mm, 광목에 수묵, 2011년, 80만원

GALLERY INFO

유아트스페이스

1974년 인사동 삼경화랑으로 개관하여 30여 년간 고미술과 근대미술 등 다양한 작품들을 선보였다. 2003년 청담동으로 이전하여 '유아트스페이스'라는 이름으로 신축 개관하였고, 다양한 현대미술의 전시와 젊은 작가 발굴하는 젊은 화랑으로 변신했다. 각종 미술 장르를 아우르는 다양한 전시와 더불어 2009년부터 시작된 갤러리 콘서트를 통해 갤러리 공간 내에서의 복합적 장르믹스를 시도하고 있다.

위치 서울 강남구 청담동 101-6 **영업시간** 오전 10시~오후 6시
문의 02-544-8585 **홈페이지** www.yooartspace.com

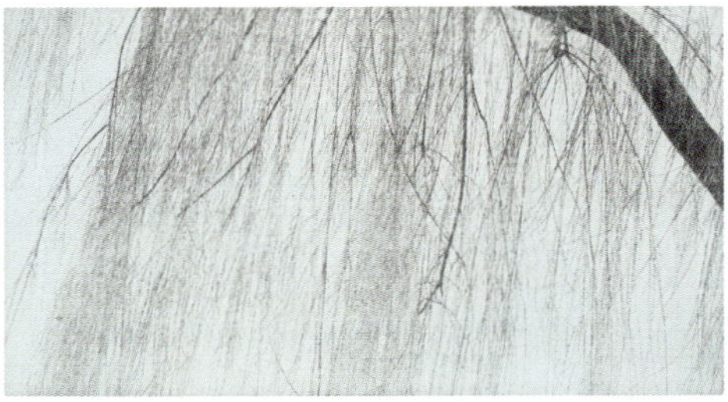

김민호, **버들가지2** 27x50cm, 에칭 기법 판화, 2009년, 50만원대

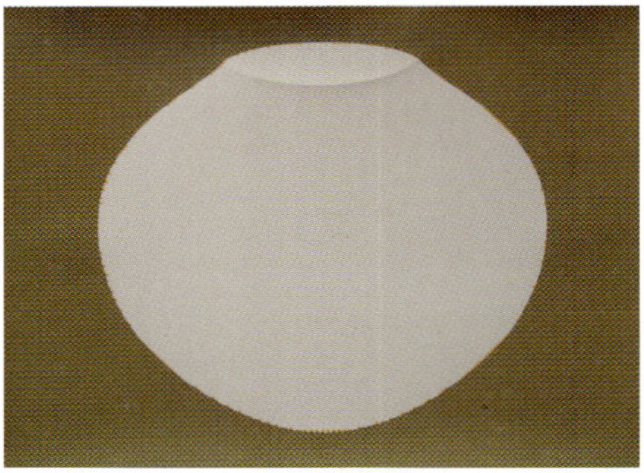

정헌조, The One Is The All, The All Is The One
56x76cm, 실크스크린, 2007년, 150만원

함수연, **아는 사람의 집에서**
65.2x91cm, 캔버스에 오일, 2009년, 300만원

허문희, **즐거운 상상** 75x106cm, 콜라주 기법 판화, 2008년, 150만원대

황순일, In A Strange Darkness
65x50cm, 캔버스에 오일, 2008년, 450만원

황순일, Take One
73x53cm, 캔버스에 오일, 2010년, 300만원대

GALLERY INFO

갤러리 이레

2009년 3월 헤이리 아트밸리에 문을 열었다. 개관 이래 신진 작가를 비롯한 중견 작가, 원로 작가들을 고루 아우르는 다양하고 흥미로운 기획 전시를 선보이고 있다. 총 3개의 전시장이 있으며 제 1전시장과 아트숍을 통해 공예 작가의 작품도 소개하고 있다. 화가를 지망하는 어린이와 학생을 위한 미술 지원 프로그램이 있으며, 남녀노소 모든 연령대를 위해 전문가를 초빙해 강의하는 갤러리 이레 아카데미도 운영 중이다.

위치 경기 파주시 탄현면 법흥리 헤이리 아트밸리 1652-405
영업시간 오전 10시~오후 6시(주말은 오전 11시~오후 7시)
문의 031-941-4115 **홈페이지** www.galleryjireh.com

강정헌, **Overflow(Tower Palace, Seoul)** 90x55cm, 동판화, 2007년, 250만원

김성호, **존재와 생성**
100x100cm, 장지에 채색, 아크릴, 2009년, 350만원

오민수, **산수유람**
91x73cm, 한지에 채색, 2011년, 210만원

이혁인, **이화에 월백하고**
60.1x53cm, 캔버스에 아크릴, 2011년, 300만원

조세곤, At Heart #80
110x77.8cm, 디지털 람다 프린트, 2011년, 300만원

최현주, **벌새와 Egg Flower**
66x54cm, 캔버스에 아크릴, 2011년, 250만원

손현수, **캔디**
72.7x91cm, 캔버스에 아크릴, 2011년, 300만원

GALLERY INFO

갤러리 나우

2006년 4월 인사동에 문을 연 사진 전문 갤러리. 30평대의 아담한 공간이나 내실 있는 신진 작가들을 적극적으로 발굴하고 있으며, 국내외 역량 있는 작가들과의 흥미로운 기획 전시를 선보이고 있다. 다양한 아트 페어 참여를 통해 세계의 작가들을 국내에 소개하며 국내 작가의 해외 진출도 함께 모색하고 있다.

위치 서울 종로구 관훈동 192-13 **영업시간** 오전 10시~오후 6시

문의 02-725-2930 **홈페이지** www.gallery-now.com

다니엘 리, **Jungle** 40.5x101.5cm, 잉크젯 프린트, 2007년

다니엘 리, **Nightlife** 35.5x111.7cm,잉크젯 프린트, 2001년

순리, **기억과 착각**
50x75cm, 플렉시글래스 위 C 프린트, 2002년

작가의 에디션별로 가격이 달라지므로 상기 작품은 갤러리로 문의하세요.

구성연, P05 Edition 1/5
98x80cm, 라이트젯 C 프린트, 2010년, 300만원

김정언, Orange Food Edition 1/5
55x55cm, 디지털 C 프린트, 2009년, 100만원

구성연, C04 Edition 2/5
60x90cm, 라이트젯 C 프린트, 2009년, 300만원

정소영, 황금빛 새장 #10 Edition 1/10
62x90cm, 디지털 C 프린트, 2008년, 200만원

Home-gallery
decoration ideas 30

HOME GALLERY

HOME GALLERY